LE « MODIUS » DE PONTE PUÑIDE

(ESPAGNE)

PAR

E. MICHON

MEMBRE RÉSIDANT
DE LA SOCIÉTÉ NATIONALE DES ANTIQUAIRES DE FRANCE

Extrait des *Mémoires de la Société nationale des Antiquaires de France*, t. LXXIV.

PARIS
1916

LE

« MODIUS » DE PONTE PUÑIDE

(ESPAGNE)

PAR

E. MICHON

MEMBRE RÉSIDANT

DE LA SOCIÉTÉ NATIONALE DES ANTIQUAIRES DE FRANCE

Extrait des *Mémoires de la Société nationale des Antiquaires de France*, t. **LXXIV**.

PARIS

1916

LE

« MODIUS » DE PONTE PUÑIDE

(ESPAGNE)

Il me paraît intéressant de signaler à la Société des Antiquaires une précieuse mesure antique, revêtue d'une inscription la désignant comme un *modius* et lui conférant un caractère officiel, découverte en 1913 en Espagne[1].

1. Il n'avait été consacré à cette mesure, à la date de ma première communication, le 13 janvier 1915, et lorsqu'a été composée une bonne partie de ce mémoire, — en dehors d'une note signée de D. Eladio Oviedo dans le journal le *Diario de Galicia*, — qu'un article de M. Andrés Martínez Salazar dans une revue de La Corogne, le *Boletin de la Real Academia Gallega* (*El modio de Ponte Puñide*, année VIII, n° 79, 1er décembre 1913, p. 170-184). M. Pablo Pérez Costanti, archiviste municipal de Santiago, de qui je tenais les premiers renseignements sur le *modius*, m'a depuis fait connaître, antérieurement à ma communication du 10 mars, une autre étude due au R. P. Celestino García Romero, insérée dans la même revue locale peu accessible (*Otra nueva estación romana, II, El modio*, année IX, n° 83, 1er mai 1914,

I.

La trouvaille a été faite par hasard, au milieu de décombres et de tuiles d'époque romaine et au-dessus d'une couche de cendres de quatre à six doigts d'épaisseur et d'au moins quatre mètres carrés de superficie[1], dans un terrain appartenant à D. Joaquín de Castro, au lieu dit *Ponte Puñide*[2], paroisse de Santa-Maria de Gonzar, *ayuntamiento del Pino*, province de La Corogne[3].

p. 273-287, reproduit dans le n° de janvier-février 1914 du *Boletín de la Comisión de Monumentos de Orense*, et *III, El modio romano y el modio de Gonzar*, n° 87, 1er novembre 1914, p. 34-43). Il a enfin paru, dans le fascicule de mai 1915 du *Boletin de la Real Academia de la Historia* de Madrid (*El modius de Ponte Puñide*, p. 485-507), un rapport adressé le 26 mars 1915 à cette Académie par M. Rafael de Ureña, dont j'ai pu tenir compte.

1. *Bolet. de la Acad. Gallega*, n° 83, p. 273.

2. L'orthographe « *Ponte Puñide* » est celle de M. Martínez Salazar, selon qui (*Ibid.*, n° 79, p. 171, n. 2) *Puñide* pourrait dériver d'un nom propre latin au génitif, *Puniti*, qui serait celui du propriétaire primitif, et a été adoptée par M. de Ureña. Le P. García Romero, qui, outre les deux articles cités, en avait consacré un premier à cette « nouvelle station romaine » dès le n° 77 d'octobre 1913 du *Boletin*, écrit « *puente Poñide* ».

3. L'emplacement est à vingt kilomètres au nord-est de Santiago sur la route de *Curtis*, indique le P. García Romero (*Ibid.*, n° 83, p. 273, n. 1), et, selon M. Martínez Salazar (*Ibid.*, n° 79, p. 171, n. 2), respectivement à quinze et à trois kilomètres de *S. Verísimo de Sergude* et de *Oines*, qui correspondraient à une station romaine. L'objet, ajoute-t-il (p. 171), est exposé *rua de San Pedro*, n° 40, à Santiago, par D. Ricardo Nogareda.

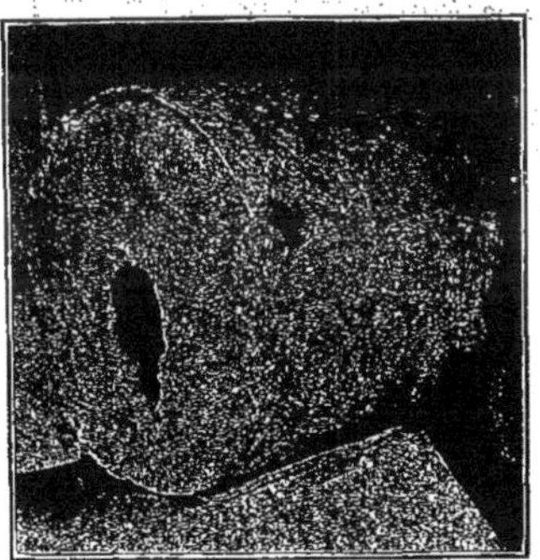

Modius de Ponte Puñide (Espagne).

Vue d'ensemble.

—

Fac-similé de l'inscription.

(*Boletin de la Real Academia de la Historia*, 1915, p. 488-489.)

MODIIL·IVXTASACRA MIVSSI[illegible]EM·DDD NNNVALENTINIANIVALENTIS ETGRATIANIINVICTISSIMORVM
PRINCIPVMIVBENTEMARIOARTEMIO [illegible] QVENTIXNOPRINCIPALIBVS

Il s'agit d'un récipient cylindrique de bronze rougeâtre, façonné en deux parties, le pourtour, constitué par une lame dont les bords sont ramenés l'un sur l'autre et soudés, et un fond s'emboîtant à l'intérieur, à 0m007 en retrait, et assujetti par trois forts points de soudure, soit que ces attaches de métal fondu n'aient servi qu'à maintenir le fond, soit que, comme le suppose M. Martinez Salazar[1] et que le croit aussi M. de Ureña[2], ils témoignent que le *modius*, ainsi qu'il en est le plus souvent, pour éviter que la base pose immédiatement sur le sol, était porté sur trois pieds[3]. La lame du pourtour, travaillée au marteau, a une épaisseur variable de 0m003 à 0m005 et présente, près de la ligne de jonction de ses extrémités, en haut une ébréchure, sans doute due à l'usure ou à un accident, en bas un trou sensiblement circulaire, de 0m02 à 0m03 de diamètre, intentionnel, qui paraît avoir été fait pour vider le contenu[4]. Le métal a, en outre, été, lors de la découverte, attaqué à l'opposé, sur la largeur de deux lettres de l'inscription, dans le dessein de s'assurer s'il n'y avait point de traces d'or. Un trou, plus considérable, de forme irré-

1. *Bolet. de la Acad. Gallega*, nº 79, p. 171.

2. *Bolet. de la Acad. de la Historia*, 1915, p. 486.

3. Il n'y aurait là, au contraire, selon le P. García Romero (*Bolet. de la Acad. Gallega*, nº 83, p. 275), qu'une illusion.

4. Il est nettement reconnaissable, ainsi que le trou du fond, dont il sera parlé plus loin, sur notre figure.

gulière et dont la plus grande dimension atteint 0m09, se voit dans le fond. Le fond lui-même n'est pas tout à fait plat, ni perpendiculaire au cylindre, de telle sorte que la hauteur, qui à l'extérieur est approximativement de 0m215, varie à l'intérieur de 0m195 à 0m205 et 0m21. Il n'est pas non plus rigoureusement circulaire : les diamètres à la base sont de 0m244 et 0m24, pris intérieurement, et les circonférences respectives, mais mesurées extérieurement, de 0m81 et de 0m79. De même, au sommet, et par suite aussi de la déformation produite par le poids de la terre, les diamètres varient de 0m23 pour l'un à 0m26 pour l'autre[1].

Le calcul aboutirait, d'après ces données, à un volume de 9,650 centimètres cubes ou 9 litres 650 ; mais, jaugée par le P. García Romero, désireux de passer de la théorie à la pratique, d'abord avec du blé et à quatre reprises différentes, la capacité s'est élevée à 10 litres 088 en moyenne et, lorsque au blé a été substitué du sable fin, successivement versé litre par litre, puis au contraire mis d'un seul tenant, elle a encore été de 10 litres ou de 9 litres 700[2].

1. Les données ci-dessus sont empruntées à M. Martínez Salazar (*Bolet. de la Acad. Gallega*, n° 79, p. 170-171) et surtout aux indications plus précises du P. García Romero (*Ibid.*, n° 83, p. 275-277 ; n° 87, p. 40), répétées par M. de Ureña (*Bolet. de la Acad. de la Historia*, 1915, p. 485-488).

2. *Ibid.*, n° 87, p. 40-42. Les chiffres fournis pour la contenance par M. Martínez Salazar, qui s'était servi

Le poids est de 6,800 grammes[1].

La forme est bien celle qu'affectent les *modii* représentés sur divers monuments, des pierres tombales[2], des mosaïques, telles que les mosaïques des *scholae* d'Ostie dont j'ai entretenu naguère la Société[3], des monnaies. Fréquente néanmoins est également la forme en cône tronqué, avec rétrécissement vers le haut[4], de laquelle se rapproche un vase du Musée archéologique de Florence, que son inscription, gravée en six lignes irrégulières, sur laquelle nous aurons à revenir, — *mensurae*

d'un récipient de 0m25 de diamètre sur 0m21 de haut, fait sur le modèle du *modius*, étaient de 11 litres en chiffres ronds et en poids de 8 kilos 500 de blé (*Ibid.*, nº 79, p. 179). Il est étrange de voir M. de Ureña, qui a négligé le second article du P. García Romero, s'en tenir à ces chiffres et prétendre que ce dernier ne s'est pas soucié de la capacité du *modius* (*Bolet. de la Acad. de la Historia*, 1915, p. 505).

1. *Bolet. de la Acad. Gallega*, nº 83, p. 277; 7 kilos en chiffres ronds, d'après M. Martínez Salazar (*Ibid.*, nº 79, p. 170).

2. M. Martínez Salazar reproduit quelques-uns de ces *modii* (*Ibid.*, nº 79, p. 174).

3. *Bulletin des Antiquaires*, 1913, p. 236-244.

4. Voy. Daremberg, Saglio et Pottier, *Dictionnaire des antiquités grecques et romaines*, s. v. « *modius* », t. III, 2e partie, p. 1958. Il faut ajouter d'ailleurs que tous les *modii* n'étaient point faits de métal. Ils pouvaient l'être de douves de bois cerclées de fer et, M. de Ureña le note avec raison (*Bolet. de la Acad. de la Historia*, 1915, p. 487), des *modii* de pierre sont même mentionnés dans une constitution impériale dont il sera question plus loin, « *modios aeneos seu lapideos* » (*Cod. Theod.*, XII, 6, 21 = *Cod. Just.*, X, 72, 9).

ad exemplum earum quae in Capitolio sunt || *auctore sanctissimo Aug(usto) n(ostro)* || . . . . . *nobilissimo Caes(are)* || *per regiones missae cura[nte] D. Simonio* || *Juliano pra[ef(ecto)] urb(i) c(larissimo) v(iro)*[1], — atteste avoir été une mesure et qui ne pouvait être qu'un *modius*[2].

Il est curieux, d'ailleurs, de constater à quel point ce *modius* de Florence, signalé pour la première fois par notre Mabillon dans la collection du gentilhomme florentin P. André Andreini[3], mais qui n'est reproduit que dans une planche des *Inscriptiones Etruriae* de Gori avec la légende « *modii antiqui romani schema cujus unicum superest toto orbe archetypum ex aere in Museo Mag(ni) ducis Etr(uriae)*[4] », a peu occupé les

1. H. Dessau, *Inscriptiones latinae selectae*, t. II, pars II, n° 8627.

2. L. Milani, *Il R. Museo archeologico di Firenze*, t. I, p. 171 : « *misura di grano (modium Capitolinum) col nome del prefetto frumentario Simonio Proculo Giuliano* ».

3. *Iter italicum litterarium* (1687), p. 187. La publication de Mabillon est la seule source de Reinesius, *Syntagma inscriptionum antiquarum*, classe IV, n° XVI, p. 352, et de Fabretti, *Inscriptiones antiquae*, t. II, p. 528, n° 380.

4. *Inscriptionum antiquarum graecarum et romanarum quae in urbibus Etruriae extant*, t. III, pl. I. Le *modius* avait été signalé par Gori une première fois dans son texte, t. I, p. 262-263, n° 47, comme ayant appartenu à Andreini et perdu : il l'est de nouveau, t. III, *Appendix postrema*, p. 1-4, où Gori indique que, l'ayant retrouvé en 1735, il l'a racheté et en a fait don aussitôt au grand-duc Jean Gaston, en lui demandant de le déposer dans le trésor des Médicis, et, p. XLV-XLVIII, avec l'annonce d'un travail spécial. Le P. García Romero a pu en donner un

métrologistes : de fait, il semble qu'il leur soit resté presque inconnu[1].

La seule mesure officielle romaine toujours citée comme portant une indication métrologique est le *congius* Farnese[2], dont l'inscription, — *Imp(eratore) Caesare* || *Vespas(iano) VI* || *T. Caes(are) Aug(usti) f(ilio) IIII co(n)s(ulibus)* || *mensurae* || *exactae in* || *Capitolio* || *Pondo) X*[3], — déclare, de même que l'inscription du *modius* de Florence, qu'il était conforme aux mesures étalons vérifiées et déposées au Capitole sous le consulat de Vespasien, consul pour la sixième fois, et de son fils Titus, consul pour la quatrième fois, en l'an 75 ap. J.-C., sans doute en remplacement d'étalons antérieurs détruits dans l'incendie allumé sous

dessin au trait qui lui a été fourni par le directeur du Musée archéologique de Florence (*Bolet. de la Acad. Gallega*, n° 85, p. 274).

1. Hultsch en cite l'inscription dans une note (*Griechische und römische Metrologie*, 2e éd., p. 115, n. 2), mais sans même dire qu'elle se trouve gravée sur une mesure. Il y est pourtant fait allusion (*Bulletino di archeologia cristiana*, t. II, 1864, p. 57), en même temps qu'au *congius* Farnese, dans un article de G.-B. de Rossi sur deux vases qualifiés de *mensuralia* découverts près de Rome sur la voie Nomentane, qui seront mentionnés plus loin, et Borghesi, dans une lettre (*Œuvres*, t. III, p. 478), le qualifie de « *celebre moggio di rame del Museo Mediceo* ».

2. Il semble pourtant ignoré de M. Martínez Salazar qui écrit (*Bolet. de la Acad. Gallega*, n° 79, p. 172) : « *sobre pesos conócense varias inscripciones,... pero sobre medidas es ésta la primera de que tengo noticia* ».

3. Dessau, *Inscr. lat. selectae*, t. II, pars II, n° 8628.

Vitellius en 69[1]. Sur lui, non sans confusions[2], les études se sont multipliées depuis le XVIe siècle. Il devait en effet sembler légitime, en possession de ce récipient intact, de prétendre en tirer par expérience la valeur des différentes unités de mesures. Les mensurages effectués, malgré tout, n'ont pas répondu à l'attente. Les mesures romaines de capacité destinées aux liquides dérivent du système attique du μετρητής, divisé en 12 χοές, subdivisés eux-mêmes en 12 κοτύλαι de 4 ὀκύϐαφα ou 6 κύαθοι chacune, les assimilations étant les suivantes : l'amphore, de la contenance de 80 livres ou 1 talent attique de liquide, équivaut aux 2/3 du *metretes* de 1 talent 1/2; le *congius*, qui en est le 1/8, se confond avec le *chous;* le

1. *Griech. und röm. Metrologie*, p. 114, 123.

2. L'exemplaire original est d'ordinaire considéré, depuis la publication de Hase dans les *Abhandlungen* de l'Académie de Berlin en 1824 (*Ueber den Farnesischen Congius in der königlichen Antikensammlung zu Dresden*), comme étant celui de Dresde (Hettner, *Bildwerke der kön. Antikensammlung*, p. 47). Il en est ainsi notamment par Hultsch (l. c.) et par M. Pottier (Daremberg-Saglio-Pottier, t. I, 2e partie, p. 1444). Il n'en serait rien toutefois, au dire de M. Dessau, qui affirme (*Inscr. lat. selectae*, t. II, pars II, p. 965), sur le témoignage de M. Dressel, que le *congius* de Dresde aussi bien qu'un autre conservé au Musée Kircher sont faux. Le vrai *congius* Farnese, après avoir appartenu au cardinal de ce nom, d'où l'on ne sait pas d'ailleurs par quelle voie il serait parvenu à Dresde, serait aujourd'hui à Naples et il y en aurait eu à Rome au XVIe siècle un second exemplaire authentique, avec lettres incrustées en argent, chez le cardinal Cesi.

sextarius ou 1/6 du *congius* est le double de la *kotyle*, qui devient l'*hemina;* l'*acetabulum* et le *cyathus*, respectivement le 1/384 et le 1/576 de l'amphore, reproduisent l'*oxybaphon* et le *cyathos*[1]. Valeur déduite du *congius* Farnèse, l'on aboutirait cependant pour l'amphore à une capacité de 27 litres 025, pour le *metretes* à une de 40 litres 54, qui apparaissent trop élevées. La solution est plus nettement encore inacceptable rapportée au poids de 10 livres de liquide que doit contenir le *congius* et qui est expressément noté à la fin de l'inscription par les lettres P, X, *p(ondo)* *(decem)* : 337 grammes 1, qui en résulteraient pour la livre, sont manifestement trop[2].

Que ce soit cependant d'après le poids du contenu, et non directement d'après le volume lui-même, que devaient en pratique être établies les mesures, il est bien probable. L'amphore, par exemple, est théoriquement d'un pied cube. Festus écrit : « *quadrantal vocabant antiqui quam ex graeco amphoram dicunt, quod vas pedis quadrati octo et XL capit sextarios*[3] » ; Balbus : « *pes quadratus concavus capit amforam trimodiam*[4] » ; Isidore de Séville : « *recipit autem (amphora) vini vel aquae pedem quadratum*[5] », et plus mathéma-

1. *Griech. und röm. Metrologie*, p. 112, 116-117.
2. *Ibid.*, p. 123-124.
3. *De verborum significatione*, éd. Mueller, p. 258 *b;* *Metrologici scriptores*, éd. Hultsch, t. II, 117, p. 79.
4. *Metrol. scriptores*, t. II, 128, 4, p. 124.
5. *Ibid.*, t. II, 126, 16, p. 120 (*Etymologiarum*, XXV, 16).

tiquement encore, en ses vers prosaïques, un *Carmen de ponderibus* de basse époque :

Pes longo in spatio latoque altoque notetur,
Angulus ut par sit quam claudit linea triplex,
Quattuor et medium quadris cingatur inane :
Amphora fit cybus hic, quam ne violare liceret,
Sacravere Jovi Tarpeio in monte Quirites[1].

Mais, pour construire des amphores, sans doute cherchait-on moins, malgré le dire du *Carmen*, à se conformer immédiatement à ce cube, difficile à concilier avec la forme du récipient, qu'à aboutir à une contenance de quatre-vingts livres de liquide[2]. Légalement même, c'est par ce poids que définit l'amphore l'édit des tribuns P. et M. Silius : « *Ex ponderibus publicis, quibus hac tempestate populus oetier solet, uti coaequatur se dolo malo, uti quadrantal vini LXXX pondo siet; congius vini X p(ondo) siet; VI sextari congius siet vini; duodequinquaginta sextari quadrantal siet vini*[3]. » Il est vrai qu'ainsi s'introduisait un élément variable dû à la température et à la nature du liquide. L'édit parle de vin. Non que les Romains aient ignoré la différence de densité entre le vin et l'eau, ni même entre les différentes eaux, témoin

1. *Metrol. scriptores*, t. II, 120, p. 90 (v. 59-63).
2. *Griech. und röm. Metrologie*, p. 112-113.
3. *Metrol. script.*, t. II, 117, p. 78-79; Bruns, *Fontes juris romani antiqui*, 6e éd. par Mommsen et Gradewitz, p. 46-47, n° 3.

le même *Carmen de ponderibus* qui, après avoir dit :

Nam librae, ut memorant, bessem sextarius addit,
Seu puros pendas latices, seu dona Lyaei,

ajoute :

Namque nec errantes undis labentibus amnes
Nec mersi puteis latices aut fonte perenni
Manantes par pondus habent, non denique vina
Quae campi aut colles nuperve aut ante tulere[1].

Les Silii, pourtant, n'en font pas état. Vin et eau sont à leurs yeux équivalents. Les anciens, en la matière, il faut bien le croire, ne poussaient pas aussi loin que nous le souci de la précision et, pour en revenir au *congius* Farnese, force est d'admettre ou que, malgré sa qualité d'étalon, ils se contentaient d'un à peu près, ou que, comme le suggère Hultsch[2], — les deux troncs de cône, dont la superposition forme le *congius*, n'ayant pu être obtenus d'une exactitude telle qu'il n'y eût pas lieu à correction, — une marque de jaugeage était intervenue, aujourd'hui effacée.

Il est trop clair que, si tel est le résultat obtenu avec un étalon comme le *congius* Farnese, il ne peut être question de chercher un point de départ de calculs dans le *modius* de Ponte Puñide, dont

1. *Metrol. script.*, t. II, 120, p. 93-94 (v. 93-94 et 98-101).
2. *Griech. und röm. Metrologie*, p. 124.

le métal a, sur plusieurs points, notablement souffert[1] et dont la conservation, de toute manière, est bien moins parfaite.

Il en est de même, à plus forte raison, pour l'autre *modius* que nous avons signalé, le *modius* de Florence. Le seul renseignement que l'on eût jusqu'ici sur sa contenance était l'indication bien vague fournie par Gori : « *continebat viginti quinque libras tritici*[2] ». Il nous est permis aujourd'hui, grâce au P. García Romero[3], d'être plus précis sur ses dimensions : diamètre de la base du tronc de cône, 0m27 ou 0m265[4]; hauteur, 0m21; diamètre au sommet, 0m202. Le P. García Romero, d'après la formule $\frac{1}{3}\pi\ (r^2+r'^2+rr')\ h$, en déduit un volume de 9,249 centimètres cubes ou 9 litres 249. Mais il ne peut taire la déclaration très nette à lui faite par le directeur du Musée archéologique de Florence : « *che non è possibile calcolare il volume del modio di bronzo esistente in questo museo poichè è ristaurato nella parte circolare inferiore e manca completamente del fondo*[5] ».

1. Il en est ainsi surtout dans la partie du pourtour opposée à la soudure et jusque sur le fond, soit par suite d'un incendie, soit par suite d'un long usage sur le feu (*Bolet. de la Acad. Gallega*, n° 83, p. 276).

2. *Inscriptiones Etruriae*, t. I, p. 262-263.

3. *Bolet. de la Acad. Gallega*, n° 87, p. 39.

4. Le second chiffre est fourni au P. García Romero par le P. Cerasoli (*Ibid.*, n° 87, p. 39, n. 4).

5. *Ibid.*, n° 87, p. 40.

Il resterait néanmoins à établir comment la capacité de 9 litres 700 à 10 litres du *modius* de Ponte Puñide, — d'où se rapproche assez la capacité de 9 litres 250 en chiffres ronds théoriquement attribuée au *modius* de Florence, — peut être celle d'un *modius* [1].

Le *modius* est le 1/3 de l'amphore. L'amphore, d'autre part, nous l'avons dit, étant égale aux 2/3 du *metretes* et celui-ci étant au μέδιμνος, unité de mesure attique pour les solides, dans le rapport de 3/4 à 1, — on a ainsi l'équation 1 amphore $= 2/3 \times 3/4 = 6/12 = 1/2$ médimne, — il y a parité entre le *modius* et l'ἑκτεύς ou 1/6 du médimne. Les mêmes équivalences font ressortir le *modius* à 16 *sextarii*, le *sextarius* ou setier étant égal au double de la *kotyle* ou 1/144e du *metretes* et plus simplement au ξέστης ou 1/96e du médimne. « *Sextarius aequus aequo cum librario siet; sex decemque librari in modio sient* », dit l'édit des Silii, après le passage que nous avons cité, d'où, — soit que l'on considère les mots *librarius* et *sextarius* comme ayant même sens, l'un appliqué plutôt à la mesure des solides et notamment du blé pris par hypothèse comme pesant 1 livre le setier, l'autre à celle des liquides [2];

1. Il n'y a guère à tirer parti des trois ou quatre pages que consacrent chacun à ce point M. Martínez Salazar (*Bolet. de la Acad. Gallega*, n° 79, p. 174-178) et le P. García Romero (*Ibid.*, n° 87, p. 34-39). Voy. aussi R. de Ureña (*Bolet. de la Acad. de la Historia*, 1915, p. 502-507).

2. *Griech. und röm. Metrologie*, p. 121, n. 1.

soit que du texte corrompu, tel que le donnent les manuscrits, on retienne seulement *sex decemque (sextari) in modio sient*[1], — il ressort toujours que le *modius* vaut 16 setiers; et de même Volusius Maecianus : « *quadrantal, quod nunc plerique amphoram vocant, habet... modios tres,... sextarios quadraginta octo*[2] », ou encore le *Carmen de ponderibus :*

Amphora, terque capit modium; sextarius istum
Sedecies haurit[3].

Le *modius* est donc, d'après les valeurs adoptées pour l'amphore, le *metretes* et le médimne, 26 litres 263, 39 litres 395, 52 litres 526[4], de 8 litres 754.

Il y a dans le *modius* de Ponte Puñide un excès considérable.

Isidore de Séville cependant, à côté de ce *modius* de 16 setiers, fait à plusieurs reprises allusion à d'autres *modii* de 22 et 24 setiers : « *de modio aliis placuit XVI sextariis modium impleri, aliis XX et duobus, aliis vero XXIIII* », et ailleurs :

1. Bruns, *Fontes juris romani antiqui*, p. 46-47, n° 3.
2. *Metrol. script.*, t. II, 115, 79, p. 71.
3. *Ibid.*, t. II, 120, p. 91 (v. 65-66).
4. Les chiffres auxquels s'arrête Nissen, *Griechische und römische Metrologie* (Iwan v. Muller, *Handbuch der klassischen Altertumswissenschaft*, I, 6, p. 833-914) sont un peu différents, 26 litres 196 pour l'amphore, d'où pour le *modius* 8 litres 733, 38 litres 88 pour le *metretes*, 51 litres 84 pour le médimne, d'où pour l'ἑκτεύς 8 litres 64 (p. 843-844).

« *est enim modius, ut praedictum est, juxta quosdam sextariorum XVI, juxta quosdam autem XX et duorum, apud quosdam vero XXIIII*[1] », et Hultsch va même jusqu'à supposer des *modii* de 18, 20, 22, 24, 25, 28 et 30, voire aussi de 17 et 27 setiers[2]. L'existence de si nombreuses sortes de *modii* fût-elle réelle, il est difficile toutefois d'admettre qu'elles aient pu être élevées à la dignité de mesures étalons. Mais peut-être une place à part doit-elle être faite, en ce qui nous concerne, au *modius* de 18 setiers, qui ne serait que la transposition dans la métrologie romaine d'une mesure de capacité égyptienne et hébraïque[3].

Il a été trouvé en effet, précisément en Espagne, à *Velez-Malaga*, trois vases d'albâtre en forme d'amphores plates avec petites anses prises dans la masse, conservés au Musée d'histoire naturelle de Madrid[4]. Le plus grand, qui cube suivant les mensurages 38 litres 8 ou plutôt 39 litres, et le plus petit, d'abord jaugé à 0 litre 635, puis à 0 litre 54 seulement par M. J. R. Melida, rapportés au *metretes* attique de 39 litres 39, correspondraient assez bien à l'unité, soit au *metretes* lui-même, et au 1/72, soit au ξέστης ou setier. Il appert, au contraire, que le vase moyen, de 9 litres 7 ou 9 litres 9, en est 1/4. L'explication, d'après M. Hultsch, serait que

1. *Metrol. script.*, t. II, 139, 10 et 11, p. 141 (*De mensuris in liquidis*).
2. *Griech. und röm. Metrologie,* p. 631-632.
3. *Ibid.*, p. 131.
4. Hübner, *Die antiken Bildwerke in Madrid,* p. 284.

le *metretes* aurait bien été adopté en Espagne, mais que la subdivision en aurait été faite, non d'après le mode attique, mais d'après un autre système[1], qui serait à rapprocher de la division qu'indique, entre le *metretes* et le ξέστης, une liste de mesures provinciales contenue dans l'une des tables dites de Cléopâtre : « ἐν δε τοῖς γεωργικοῖς εὗρον τὴν κοτύλην τρία τέταρτα ξέστου · τὸν δὲ χοῦν ξεστῶν θ', κοτυλῶν δὲ ιβ'· καὶ τὸν ἀμφορέα ξεστῶν λς', κοτυλῶν μη' · τὸν δὲ μετρητὴν ξεστῶν οβ', κοτυλῶν ϥς'[2] », d'où le tableau suivant :

μετρητής	1			39 l. 39
ἀμφορεύς	2	1		19 l. 69
χοῦς	8	4	1	4 l. 92
ξέστης	72	36	9	0 l. 547[3].

Intermédiaire entre le 1/2 *metretes* ou ἀμφορεύς et le 1/8 de *metretes*, le second vase de Velez-Malaga serait un double *chous*, dont l'usage en pratique serait par lui attesté[4] et auquel M. Hultsch n'hésite pas à donner le nom de *modius*[5], *modius* de 18 setiers, puisque, comme il le remarque, « en Espagne comme en Égypte le setier romain est le 1/9 du *chous* provincial[6] ».

1. *Griech. und röm. Metrologie*, p. 109, 690.
2. *Metrol. script.*, t. I, 60, 29, p. 236.
3. *Griech. und röm. Metrologie*, p. 628.
4. *Ibid.*, p. 629.
5. *Ibid.*, p. 733.
6. *Ibid.*, p. 690.

La contenance normale de ce *modius*, de 9 litres 85[1], le rapprocherait singulièrement de celle du *modius* de Ponte Puñide.

II.

Indépendamment, non seulement des données qu'on pourrait tirer de sa mensuration, — sur ce point, nous l'avons dit, la nature de l'exemplaire en métal facilement altérable et en fait partiellement altéré constituera toujours un obstacle, — mais même de la possibilité de le rattacher à tel ou tel système métrologique, le *modius* découvert à Ponte Puñide vaut, et il vaut en première ligne, par l'inscription qui y est gravée.

Le texte, dont nous reproduisons le fac-similé donné par M. de Ureña[2], en est disposé en deux lignes, près de l'orifice, — les lettres grêles, gravées au burin, mesurant 0^m015 de haut[3], — et est ainsi conçu, avec substitution de E à I dans *Valentes* et *Quentiano*[4] :

Modii l(ex) juxta sacram jussi[on]em d(omino-

1. *Griech. und röm. Metrologie*, p. 631.

2. *Bolet. de la Acad. de la Historia*, 1915, planche, p. 488-489. Voy. aussi *Bolet. de la Acad. Gallega*, n° 79, p. 170.

3. *Bolet. de la Acad. Gallega*, n° 83, p. 277. L'inégalité signalée par M. Martínez Salazar (*Ibid.*, n° 79, p. 171) et allant de 0^m022 pour le L à 0^m014, serait, d'après le P. García Romero, fort exagérée. Il y a aussi exagération à dire, avec le premier (l. c.), que les lettres sont de la monumentale dégénérée mêlée à de la cursive.

4. *Ibid.*, n° 79, p. 172.

rum) n(ostrorum) Valentiniani Valent(i)s et Gratiani invictissimorum || *principum jubente Mario Artemio v(iro) c(larissimo) a(gente) vic(es) p(raefectorum) cur(antibus) Potamio et Qu(i)ntiano principalibus.*

Le L, après MODII au début, selon les calques publiés, est suivi d'un point et de même le mot IVSSIONEM. Il y a, en outre, en dehors de la disparition des lettres ON de JUSSI[ON]EM, à la première ligne, un espace vide de 0m02 entre l'A et le M final de SACRAM[1] et un second égal entre VALENTES et ET GRATIANI ; à la deuxième ligne, un autre de 0m06 entre ARTEMIO et VC et un dernier de 0m018 entre ET et QVENTIANO[2].

La seule difficulté a trait aux caractères initiaux MODIIL. M. Martínez Salazar, en faisant connaître la découverte du *modius*, s'est borné à écrire : « *por impericia del grabador la L, sigla de la segunda palebra, aparece unida a la I final de la anterior, la cual dificulta la lección de ambas*[3] », et, sans s'y arrêter davantage ni croire nécessaire de justifier sa transcription, n'a pas hésité à lire *modii l(ex)*[4]. Il m'a semblé, et il me semble encore, malgré les objections qu'a bien

1. *Bolet. de la Acad. Gallega*, n° 79, p. 172. Il en résulte que, au dire de M. Martínez Salazar, « *la* M *de* SACRAM *pasó a ser inicial de la palabra siguiente* IVSSI[ON[EM ».

2. *Ibid.*, n° 83, p. 282, n. 1.

3. *Ibid.*, n° 79, p. 172.

4. Le P. García Romero le lui reproche (*Ibid.*, n° 83, p. 278) et ne se déclare pas ocnvaincu.

voulu me faire M. Cagnat, que, faute d'une autre solution, il n'est pas impossible de se ranger à cette lecture, mais la chose ne va pas de soi aisément.

Il importait tout d'abord de s'assurer si le texte gravé sur le *modius* portait bien MODIIL. L'article de M. Martínez Salazar, à vrai dire, ne me laissait guère d'incertitude, contenant, outre le calque de l'inscription, une reproduction photographique d'une partie de celle-ci et précisément de la partie discutée[1], mais les lettres pourtant étaient déclarées « *mas borrosas* », moins nettes[2], et d'autre part le cliché photographique ne paraissait pas pouvoir avoir été fait directement sur l'original, que l'auteur au surplus confessait loyalement n'avoir pas vu de ses propres yeux[3]. Il fallait serrer le problème de plus près.

M. Pablo Pérez Costanti, archiviste municipal de Santiago, à qui je m'adressai, voulut bien, avec une obligeance dont je tiens à le remercier, me procurer, sur ma demande, un estampage sur papier d'étain du passage litigieux. L'empreinte, à coup sûr, n'est pas très visible et les lettres sont si peu profondément gravées que le creux en est à peine venu en relief. Il ne peut pas néanmoins, je crois, y avoir hésitation. Il y a bien, sur le bronze, MODIIL et tel est ce qu'y voit aussi le P. García Romero, qui donne de ce point de l'ins-

1. *Bolet. de la Acad. Gallega*, n° 79, p. 171.
2. *Ibid.*, n° 79, p. 170.
3. *Ibid.*, l. c.

cription un calque à grande échelle[1] et qui, lui, a eu à maintes reprises le bronze entre les mains et l'a longuement et minutieusement examiné[2].

L'idée, qui s'était naturellement présentée à l'esprit, de se demander si le caractère venant après MODII ne serait pas un chiffre se trouve ainsi exclue. Il n'eût pas été déraisonnable à priori de songer à remplacer le L par un simple trait ou même par deux traits verticaux, de manière à avoir *modii II* ou *modi(i) II :* de même que nous avons des doubles décalitres, la mesure aurait été un double *modius*. L'embarras, toutefois, dans ce cas, aurait été plus grand encore qu'avec le *modius* simple de trouver une relation entre la capacité du récipient et les différentes valeurs du *modius*.

Impossible également de lire, en substituant à L un T et en y joignant l'I précédent, *modi(i) It(alici)*, épithète que l'on rencontre dans l'édit de maximum de Dioclétien par exemple[3].

II ou IT écartés, le L ne peut pas davantage être interprété comme la marque de *quinquaginta*, *modii quinquaginta*, en ce sens que, cinquante exemplaires de *modii* étalons ayant été confectionnés, il serait fait allusion sur celui-ci, qui serait l'un d'entre eux, à ces cinquante exemplaires. Sans doute, les mentions inscrites tant sur les mesures

1. *Bolet. de la Acad. Gallega*, n° 83, p. 277.
2. *Ibid.*, n° 83, p. 275.
3. *Griech. und römische Metrologie*, p. 630, n. 2.

que sur les poids se réfèrent en général, non à une seule et unique mesure, à un seul et unique poids désigné au singulier, mais à un ensemble de mesures ou de poids au pluriel, *mensurae, pondera : Imperatore Caesare Vespasiano VI T. Caesare Augusti filio IIII consulibus mensurae exactae in Capitolio* sur le *congius* Farnèse[1], *mensurae ad exemplum earum quae in Capitolio sunt* sur le *modius* de Florence[2], *pondera exacta ad Articuleiana* sur plusieurs poids[3]. Les inscriptions ci-dessus néanmoins diffèrent grandement de l'inscription de notre *modius*. Il y est dit seulement que la mesure, *congius* Farnèse ou *modius* de Florence, non pas est l'une des mesures conservées au Capitole, mais a été contrôlée d'après ces mesures, et c'est ce que précisent bien, par rapport aux *pondera Articuleiana*, les poids, dont tels ont été recueillis à Pompéi[4] et tel à Teboursouk[5]. Ici, au contraire, l'inscription vise uniquement l'exemplaire sur lequel elle est gravée, qu'elle assure avoir été contrôlé par deux *principales* ou notables personnages municipaux[6], Potamius et

1. Dessau, *Inscr. lat. selectae*, t. II, pars II, n° 8628.
2. *Ibid.*, t. II, pars II, n° 8627.
3. *Annali dell' Instituto*, 1881, p. 185-197; *Bullettino della commissione archeologica comunale*, 1884, p. 65-67; *Bulletin de la Société des Antiquaires*, 1907, p. 307-309; *Corpus inscriptionum latinarum*, t. XIV, n° 4124, 1 et 2.
4. *Corp. inscr. lat.*, t. X, pars II, n° 8067, 1 et 2.
5. *Bull. des Antiquaires*, 1907, p. 307-310.
6. Il y a sur ce titre de *principales* toute une page de M. Martínez Salazar (*Bolet. de la Acad. Gallega*, n° 79,

Quintianus, *curantibus Potamio et Quintiano principalibus*[1]. Imagine-t-on ces deux membres d'une petite curie locale ayant mis pour ainsi dire leur estampille sur cinquante *modii* étalons? Il est vraisemblable, tout au contraire, que la bourgade, peut-être le simple bureau de recette à l'usage duquel était le *modius* de Ponte Puñide, n'en avait pas besoin de plus d'un[2].

Le mot *modii* ne saurait donc que malaisément

p. 183-184) et une autre du P. García Romero (*Ibid.*, n° 83, p. 284-286).

1. La substitution de *cur(atoribus)* à *cur(antibus)*, que n'exclut pas tout à fait M. Martínez Salazar (*Bolet. de la Acad. Gallega*, n° 79, p. 170), est inadmissible et encore plus son commentaire (p. 182) : « *Aun suponiendo que la abreviatura CVR. de la inscripción, deba leerse Cur(atoribus), trataríase tambien de Administradores, Recaudadores o Exactores, Oficiales superiores encargados del reparto y administración de los viveres o provisiones públicos (annonae), custodios de los pesos y medidas legales para evitar fraudes, o acaso de los Curatores frumenti, encargados de distribuir y vender el trigo de los graneros públicos, sustitutos de los antiguos Praefecti annonae, que tenían jurisdicción sobra los medidores, trigueros y panaderos, cuidaban de que hubiese abundancia de granos y de pan y de que se expendiesen limpios y de peso y de medida justos, y estaban quizás a las órdenes del Prefecto de la ciudad o del Curator operum publicorum.* »

2. L'objection que fait le P. García Romero (*Ibid.*, n° 83, p. 278) à *modii lex*, entendu dans le sens de « *tipo del modio* », est précisément qu'il lui semble anormal qu'une mesure devant servir de modèle pour l'équivalence des autres ait pu se trouver en un lieu aussi absolument insignifiant que Ponte Puñide ou Santa-Maria de Gonzar.

être un pluriel et, de même que ce serait encore une raison, si la lecture déjà n'était en soi contredite, pour renoncer à *modii Italici*, de même en est-ce une pour empêcher une autre interprétation, sans cela assez tentante, *modii l(egitimi)* : non sans doute que l'abréviation de L pour *l(egitimi)* ne soit en elle-même moins naturelle que pour *l(ex)*[1]; mais *legitimus* serait la traduction régulière de l'épithète grecque δίκαιος qu'on voit figurer sur des poids de *Tomi* notamment[2] et qui, précisément à l'époque qui est celle de notre *modius*, est appliquée par Suidas à un *modius* étalon que Valentinien avait fait placer à Constantinople et d'après la capacité duquel devaient vendre et acheter tous les vendeurs et acheteurs de blés et devait être mesuré le blé distribué : « Ἔνθα ἵστατο . . μόδιος χαλκοῦς . . . . ἦν δὲ δίκαιον μέτρον, ὡς ἂν τῷ χωρήματι αὐτου πωλῶσι πάντες οἱ σιτοπρᾶται καὶ ἀγοράζωσιν οἱ σιτῶναι καὶ τῷ ἴσῳ μέτρῳ διδῶται σιτηρέσιον[3]. »

Il est en tout cas certainement superflu de dis-

1. Il n'est guère possible, non plus, de faire de L l'initiale de *l(egalis) mensura*, comme s'y rallierait le P. García Romero (*Bolet. de la Acad. Gallega*, n° 83, p. 279), avec l'approbation de M. de Ureña (*Bolet. de la Acad. de la Historia*, 1915, p. 491).

2. E. Pernice, *Griechische Gewichte*, p. 69 et p. 184-185, n°s 714-717. Voy. aussi mes *Nouveaux poids antiques du Musée du Louvre* (extr. de la *Revue numismatique* de 1913), p. 8.

3. Suidas, *Lexicon*, éd. Bernhardy, t. II, 1re partie, p. 680.

cuter l'opinion mise en avant par le P. García Romero. MODIIL, en un seul mot, selon lui, serait l'abréviation de *modiilis*, sous-entendu *mensura*. *Modiilis*, sans doute, se hâte-t-il d'ajouter, ne se rencontre dans aucun dictionnaire, mais, passant avec désinvolture de *modiilis* à *modilis*, il y voit une formation analogue à *exilis*, *sextilis*, *aprilis* et, dit-il, à beaucoup d'autres[1]. L'adjectif normalement tiré de *modius*, est-il besoin de répondre, est non *modiilis*, mais *modialis*, connu par plusieurs exemples[2], de même que *sextarius* a donné *sextarialis*, qui figure en tête d'une inscription publiée par Gruter[3] et citée par le P. García Romero[4] sous cette forme : *sextarialis exacta T. . . . D. D. N. N. Arcadii et Honorii*. Les noms des empereurs en réalité ne se trouvent pas dans le manuscrit de Metellus d'où est tiré ce setier aujourd'hui disparu[5], sur lequel, par un rapprochement curieux avec notre *modius*, M. de Rossi a supposé que *exacta* pouvait être suivi, non d'un T, mais du mot *jussione*, *jussione dominorum nostrorum*[6]. *Mensuralia*, sans détermination plus précise, se trouve de même sur deux gobelets du

1. *Bolet. de la Acad. Gallega*, n° 83, p. 278-279.
2. La critique n'a pas échappé à M. de Ureña (*Bolet. de la Acad. de la Historia*, 1915, p. 490-491).
3. *Corpus inscriptionum*, t. I, p. CCXXIII, 2.
4. *Bolet. de la Acad. Gallega*, n° 83, p. 278.
5. Il est peu probable qu'il s'agît d'Arcadius et Honorius. Le setier faisait partie au XVIe siècle du musée d'Angelo Colocci.
6. *Bullettino di archeologia cristiana*, 1864, p. 57.

Musée du Capitole, l'un de la valeur d'un setier environ, l'autre de la moitié, soit 1 *hemina*, exhumés en 1864 aux environs de *Rome*, près de la voie Nomentane, sur l'emplacement d'une *schola sodalium Serrensium* et qui avaient été offerts à ces *sodales* par un certain C. Cirrius Zosimus[1]. Le précédent de ces exemples, toutefois, ne pourrait être invoqué que si, sur notre *modius*, le texte commençait, non par MODIIL, mais par MODIAL, à compléter en *modial(is mensura)*.

L'expression *l(ex) modii*, à laquelle on est ainsi presque forcément ramené, est-elle donc en elle-même absolument inacceptable?

Sans sortir de France, une curieuse inscription, trouvée en 1787 aux *Échelles* en Savoie, dans le torrent du Guier[2], et qui prohibe toute souillure du cours d'eau, est intitulée *lex rivi*. L'intitulé, il est vrai, se peut expliquer par le fait qu'il s'agit d'une loi véritable, d'un règlement comportant des sanctions pénales, *si quis in eo mi(n)xerit spurcit(iam) fecerit, in temp(lum) Jovis d(omestici?) (denarium) I dato*, et donc, convenons-en, le mot *lex* s'y rapproche davantage de son emploi ordinaire et courant.

Il n'en est déjà plus de même dans la célèbre inscription de *Zraia*[3], conservée au Louvre[4], qui,

1. *Della schola sodalium Serrensium scoperta presso la via Nomentana, Bullettino di archeologia cristiana*, 1864, p. 57-62. Voy. aussi *Revue archéologique*, 1865, I, p. 511-518.

2. *Corp. inscr. lat.*, t. XII, n° 2426.

3. *Ibid.*, t. VIII, pars I, n° 4508.

4. *Catalogue sommaire des marbres antiques*, n° 2046.

en dehors de toute clause impérative ou prohibitive, commence par les mots :

Lex portus post discessum coh(ortis) instituta

et où tout un chapitre est intitulé *lex vestis peregrinae*, là où nous dirions tarif :

Lex vestis peregrinae	
abollam cenatoriam	𐆖 *I S*
tunicam ternariam	𐆖 *I S*
lodicem	*S*
sagum purpurium	𐆖 *I*
cetera vestis Afra in	
singulas lacinias	*S(?).*

Il est uniquement question, on le voit, de redevances à percevoir sur un certain nombre de tissus importés et c'est la série même de ces redevances qui est qualifiée de *lex vestis peregrinae.*

L'inscription récemment trouvée à *Lambèse* que vient de publier M. Cagnat[1] fournit un exemple analogue :

Lex porto[ri]
vini Ammine[i]
vini cibari
vini graeci
vini graeci
vini.

1. *A new customs list*, *Journal of roman studies*, 1914, p. 143-146 et fig. 14.

Lex, dans l'un et l'autre cas, n'est autre chose que la quotité, l'évaluation des droits d'octroi et, de cette signification à celle qu'aurait *lex* dans *lex modii*, valeur, évaluation du *modius*, la différence est assez peu sensible ou du moins le passage se fait assez naturellement.

Le parallèle de *lex modii* pourrait d'ailleurs se trouver dans l'emploi de *lex* dans diverses dispositions relatives aux monnaies que me signale M. Prou. « *Lex*, dit Du Cange, *monetarum in metallo probitas a lege requisita ac definita, nostris* loy, aloy[1]. » Mais, malheureusement, des textes réunis par Du Cange, si l'on déduit celui du concile de Reims où *lex* désigne la *lex salica*, nul ne remonte plus haut que le XIIIe siècle. Le doute subsiste donc de savoir si le français « aloi » vient réellement du latin *lex*, comme l'admet le *Dictionnaire de l'Académie*, « Aloi. Autrefois loi, par abréviation du latin *Lex*[2] », ou si, au contraire, *lex* dans cette acception ne résulterait pas de la corruption d'aloi en loi. Le *Dictionnaire* lui-même ne l'exclut pas, ajoutant : « d'autres le font venir de l'italien *Lega* qui signifie union, alliage », et de fait Du Cange répète aux mots « *Lega* », « *Liga* » l'explication déjà donnée pour *lex* : « *gradus bonitasque metallorum, gall(ice)* Alloy ; *ut supra lex, monetarum in metallo probitas a lege*

1. *Glossarium mediae et infimae latinitatis*, t. IV, p. 86.
2. *Dictionnaire historique de la langue française*, t. III, p. 3.

requisita ac definita, gall(ice) Loi, Aloi[1] ». Lacurne de Sainte-Palaye, au surplus, résume ainsi la question : « Les lois ont fixé l'alliage de l'or et de l'argent. De là, on a dérivé le substantif alloy, et le verbe alloyer du mot Loy. Quoiqu'ils aient été employés dans un sens relatif à cette étymologie que le rapport d'idées et l'analogie d'orthographe semblent justifier, on croit qu'alloyer et allayer sont des altérations d'alliier, en latin alligare : proprement lier une chose à une autre; dans une signification particulière, « faire liaison « d'or avec or, d'argeant avec argeant », les lier, les unir par le mélange d'un autre métal[2]. »

Faut-il ajouter encore que la lecture *lex modii* se pourrait, dans une certaine mesure, appuyer sur le voisinage de *juxta sacram jussionem dominorum nostrorum. Jussio* c'est l'une des formes que prend, l'un des noms que reçoit l'émanation de la volonté impériale : « *Scilicet nec pragmatica jussione vel sacra adnotatione vel quolibet oraculo divino seu mandatis, si qua contra hanc sanctionem nostram fuerint impetrata, quodcumque roboris habere valituris*[3]. »

Il reste, cependant, que, même admise l'expression *lex modii*, l'on attendrait plutôt *lex modii* dans cet ordre que *modii lex*, dont l'inversion est

1. *Gloss. med. et inf. lat.*, t. IV, p. 60 et 107.
2. *Dictionnaire historique de l'ancien langage françois*, s. v. « Alliier », t. I, p. 350.
3. *Cod. Just.*, X, 12, 2.

surprenante. L'objection, je ne le dissimule pas, est grave, quoique l'on ait pu avoir précisément le désir de rapprocher immédiatement le mot *lex* des mots *juxta sacram jussionem*. Doit-elle, à elle seule, être jugée décisive?

III.

L'importance de l'inscription, aussi bien, quelle que soit la solution définitive, est ailleurs. Il y est dit, on s'en souvient, que, en vertu d'une loi de Valentinien, Valens et Gratien, le récipient a été contrôlé par les deux *principales* Potamius et Quintianus, — les deux noms ne sont pas rares en Espagne, un Potamius figure sur une tuile de *Malaga*[1], des Quintiani dans des inscriptions de *Torre Guadiaro*, de *Cabeza del Griego*, de *Jativa*, de *Tarragone*[2], — et cela en vertu des ordres d'un haut fonctionnaire, Marius Artemius[3].

Ici toutefois, encore, le P. García Romero n'adopte pas la lecture de M. Martínez Salazar. Il existe sur le bronze, après le mot ARTEMIO, nous l'avons dit, un vide qui n'est pas le seul. Suivent les lettres VCA. M. Martínez Salazar les accompagne d'un C, mais le P. García Romero, après examen

1. *Corp. inscr. lat.*, t. II, n° 4967, 20.

2. *Ibid.*, t. II, n°s 1940, 3119, 3631, 4123. Voy. *Bolet. de la Acad. Gallega*, n° 79, p. 183, et n° 83, p. 284.

3. Inutile de s'arrêter à ce que M. Martínez Salazar dit de la prétendue origine grecque de ces noms (*Bolet. de la Acad. Gallega*, n° 79, p. 178), non plus que le P. García Romero de celle de Potamius (*Ibid.*, n° 83, p. 284).

minutieux, ne voit dans ce prétendu C que des traits adventices et sans valeur. Viennent ensuite VICP. Le premier éditeur n'avait pas mis en doute que des caractères initiaux VC il fallait faire *v(iro) c(larissimo)*[1] et, joignant l'A subséquent au C corrigé en G, il continuait *ag(ente) vic(es) p(raefectorum)*. La même lecture serait d'ailleurs, remarquons-le, tout aussi naturelle sans le C ou G, l'abréviation de *agens vices* étant plus souvent A. V. que AG. V. Le P. García Romero ne veut pas de *v(iro) c(larissimo)*, tant à cause du blanc qui précède que de l'A qui suit, et, supposant qu'un personnage tel qu'Artemius devait avoir plusieurs noms, se souvenant d'autre part que dans une constitution dont nous aurons à parler il apparaît comme *corrector* de la Lucanie, invoquant enfin une prétendue habitude qu'auraient eue les hommes politiques romains de prendre des surnoms tirés des pays qu'ils avaient gouvernés, il propose de voir dans le groupe VCA le reste d'un *cognomen* comme LVCANVS, ou du moins composé ou dérivé de LVCANVS. Le deuxième groupe, VIC P, dont le P final serait à détacher pour être joint aux lettres CVR, *p(ro)cur(antibus) Potamio et Qu(i)ntiano*, serait alors l'abréviation de *vic(ario Hispaniarum)*[2]. *Lucanus*, certes, ne rencontrera pas plus d'adhésion que tout à l'heure

1. Il s'étend même longuement sur les *viri clarissimi* (*Bolet. de la Acad. Gallega*, n° 79, p. 180-182).
2. *Ibid.*, n° 83, p. 282-284.

modiilis[1], et dès lors *a(gente) v(ices) p(raefectorum)* s'impose au lieu de *vicario*[2].

La seule variante que l'on pût envisager, avec M. Martínez Salazar[3], serait *a(gente) vic(ariam) p(raefecturam)*. Il est précisément question chez Ammien Marcellin d'un Artemius *curans vicariam praefecturam*, — « *Artemius curans vicariam praefecturam pro Basso quoque agebat, qui recens promotus Urbis praefectus fatali decesserat sorte*[4] », — mais c'est, on le voit, au moment de la mort de Junius Bassus, dont le sarcophage, conservé dans les grottes Vaticanes, porte l'épitaphe *Jun(ius) Bassus v(ir) c(larissimus) qui vixit annis XLII men(sibus) II in ipsa praefectura urbi neofitus iit ad Deum VIII kal(endas) sept(embres) Eusebio et Hypatio co(n)s(ulibus)*[5]. La préfecture de Junius Bassus se place donc en 359[6] et sa mort au

1. Il n'a pas été difficile à M. de Ureña (*Bolet. de la Acad. de la Historia*, 1915, p. 491-492) d'en faire justice.

2. L'objection du P. García Romero, — « *por los tiempos en que gobernaban el imperio Valentiniano, Valente y Graciano, era Artemio, Vicario de las Españas : Vicarium Hispaniarum. No hacía, pues, las veces de Vicario, sino que lo era* » (*Bolet. de la Acad. Gallega*, n° 83, p. 282), — ne porte pas : il ne s'agit pas de faire d'Artemius un *agens vices vicarii* et, quant au fait que des vicaires sont parfois mentionnés sous le titre d'*agentes vices praefectorum praetorio*, quelles que soient au juste les conséquences à en tirer, il n'est pas contestable.

3. *Ibid.*, n° 79, p. 170, 179.

4. XVII, 11, 5.

5. G.-B. de Rossi, *Inscriptiones christianae Urbis Romae*, t. I, p. 80-81, n° 141.

6. Voy. G. Tomassetti, *Note sui prefetti di Roma* (*Museo*

25 août de cette année. Il en résulte que la mention du *modius*, datée de Valentinien, Valens et Gratien, ne saurait s'appliquer aux fonctions alors exercées par cet Artemius et, d'autre part, le même Artemius ne peut avoir été bien après vicaire ou vice-préfet du prétoire en Espagne[1]. Il ne le pourrait pas même s'il était alors *vicarius Urbis*, c'est-à-dire *vicarius praefectorum praetorio in Urbe Roma*, — vicaire au même titre que le *vicarius Italiae*, résidant à Milan, du préfet du prétoire d'Italie pour le diocèse d'Italie, — mais, quoique une douzaine d'années plus tard, en 371, Maximinus, *vicarius Urbis Romae*[2], soit qualifié presque en les mêmes termes par Ammien Marcellin de *regens Romae vicariam praefecturam*, en même temps cependant que de *agens pro praefectis* et de *vicarius*[3], et, quoi qu'en

italiano di antichità classica, t. III, p. 41-68 et 479-550), p. 493.

1. L'identité des deux personnages est faussement admise par M. Martínez Salazar, *Bolet. de la Acad. Gallega*, n° 79, p. 179, n. 1 : « *Ammiano Marcellino debe referirse a nuestro Artemio ya vicario de la ciudad de Roma y haciendo veces del prefecto de la misma* », et par M. de Ureña (*Bolet. de la Acad. de la Historia*, 1915, p. 500).

2. Voy. L. Cantarelli, *La serie dei vicarii Urbis Romae* (*Bull. comunale*, 1890, p. 26-47 et 79-94), p. 40-41, n° 10.

3. XXVIII, 1, 5, 12, 22. M. Cuq estime (Borghesi, *Œuvres*, t. X, p. 696, n. 5) qu' « il s'agit ici d'une mission extraordinaire plutôt que du vicariat proprement dit » et, en cela, il est fidèle à une théorie générale qui sera exposée plus loin, mais cette mission extraordinaire ici aurait trait non à la préfecture du prétoire, mais à la préfecture

pense M. Seeck[1], il semble bien qu'Artemius fût plutôt *vicarius praefecturae Urbis*, vicaire du préfet de la ville, et de la sorte beaucoup plus désigné pour remplacer celui-ci[2]. Or, sans même tenir compte de sa préfecture intérimaire, des deux *vicarii* coexistant à Rome, une inscription, longuement étudiée jadis par Mommsen[3], en l'honneur de C.

de la ville : « tout en restant préfet de l'annone, écrit-il (p. 696), (Maximinus) fit également fonction de préfet de la ville au temps de la préfecture d'Olybrius, puis d'Ampelius (369-372) ». M. Cantarelli, toutefois, remarquons-le, dit que c'est à tort qu'on a soutenu que Maximinus avait été préfet de la ville (*Bull. comunale*, 1890, p. 41, n. 1) et son nom n'a pas trouvé place dans la liste des préfets de Rome dressée par M. Tomassetti.

1. *Die Reihe der Stadtpraefecten bei Ammianus Marcellinus* (*Hermes*, 1883, p. 289-303), p. 299 : « *Artemius vicarius urbis agens vices praefecti urbis.* »

2. Voy. Cantarelli, *Bull. comunale*, 1890, p. 86-87, nº 28. M. Cuq (*Nouvelle revue historique du droit français et étranger*, 1899, p. 396), à propos des *vicarii* jouant selon lui le rôle de vice-préfets, après avoir écrit « rien ne prouve que ces vicaires n'aient pas été temporairement chargés de suppléer un préfet du prétoire », ajoute : « C'est ce qui eut lieu plusieurs fois pour la préfecture de la ville. M. Cantarelli cite deux *vicarii urbis* qui furent chargés de suppléer le préfet, l'un Artemius, après la mort de Bassus, l'autre Junius Tertullus, en l'absence de Fabius Titianus. » Mais M. Cantarelli considère (l. c.) Junius Tertullus, aussi bien qu'Artemius, comme ayant été vraisemblablement, non *vicarii Urbis*, mais *vicarii praefecturae Urbis*.

3. *De C. Caelii Saturnini titulo, Nuove memorie dell' Instituto di corrispondenza archeologica*, t. II, 1865, p. 298-322.

Caelius Saturninus, qui fut successivement *vicarius praef(ectorum) praetorio in Urbe Roma* et *vicarius praefecturae Urbis*, montre que ce dernier était de rang supérieur[1].

Vicariam praefecturam, dans la pensée de M. Martinez Salazar, qui n'a pas en vue le cas particulier de cet Artemius, devrait s'entendre, non de la préfecture de la ville, mais, non autrement que *agente vices praefectorum*, de la préfecture du prétoire[2]. Les références, toutefois, qu'il emprunte au Code Théodosien[3] soulèvent des contestations qu'il ne soupçonne pas. Januarinus, qui, dans une constitution de 320[4], est dit *agens vicariam praefecturam*, était-il *vicarius Urbis* et non *vicarius praefecturae Urbis*, la décision est douteuse[5] : il est à noter que si, dans des constitutions du 13 janvier 319[6] et du 20 novembre 321[7], il ne porte pas de titre[8], une autre constitution du 26 novembre 319 l'appelle *praefectus Urbis*, — *Imp. Constantinus A(ugustus) ad Janua-*

1. *Corp. inscr. lat.*, t. VI, pars I, nº 1704.
2. *Bolet. de la Acad. Gallega*, nº 79, p. 179. Voy. aussi *Bolet. de la Acad. de la Historia*, 1915, p. 493.
3. *Ibid.*, l. c.
4. *Cod. Theod.*, IX, 34, 3.
5. Mommsen, *Nuove memorie dell' Instituto*, t. II, p. 310; Cantarelli, *Bull. comunale*, 1890, p. 87-88, nº 30. M. Cuq dit (Borghesi, *Œuvres*, t. X, p. 501), mais sans explication : « il fut *vicarius Urbis* ».
6. *Cod. Theod.*, IX, 1, 2 = *Cod. Just.*, IX, 40, 2.
7. *Ibid.*, IX, 21, 2 = *Cod. Just.*, IX, 24, 1; VII, 13, 2.
8. Voy. aussi *Cod. Just.*, VI, 1, 5.

rinum p(raefectum) U(rbis)[1], — titre que Godefroy a voulu corriger en *ppf.* ou *pro praef(ecto) Urbis*[2], le préfet de Rome en cette année étant Valerius Maximus[3]; l'omission de titre ou l'altération, en outre, suggère Mommsen[4], s'explique beaucoup plus aisément dans le cas d'un *vicarius praefecturae Urbis*, fonction en somme assez rare[5]. Valerianus *agens vicariam praefecturam*, dans une constitution du 29 avril 330[6], n'est de même que par conjecture regardé comme vicaire de Rome, non comme vicaire du préfet de la ville[7], et l'on peut ajouter, ce que notait Mommsen dans le cas précédent[8], qu'on comprendrait moins bien l'em-

1. *Cod. Theod.*, IX, 37, 1 = *Cod. Just.*, IX, 42, 2.
2. T. VI, pars II, p. 61, de son édition du *Code Théodosien.*
3. *Museo italiano*, t. III, p. 62.
4. *Nuove memorie dell' Instituto*, t. II, p. 310. Voy. pourtant dans son édition du *Code Théodosien*, t. I, pars I, p. CCXIV : « *Januarino p. u [agenti vices $\overline{p\ p\ o}$].* »
5. Mommsen, en dehors des exemples ici rapportés, ne trouve à citer qu'un Obellius dont parle Zosime, *Histor.*, II, 9 (*Corpus scriptorum historiae byzantinae* de Bonn, p. 7), auquel M. Cantarelli (*Bull. comunale*, 1890, p. 32) ajoute un Macarius cité par Palladius, *Historia lausiaca*, LXII, éd. C. Butler (*Texts and studies, Contributions to biblical and patristic litterature*, t. VI, 2), p. 157.
6. *Cod. Theod.*, III, 5, 3.
7. Mommsen, *Nuove memorie dell' Instituto*, t. II, p. 310; Cantarelli, *Bull. comunale*, 1890, p. 88, n° 31.
8. L. c. Il figure cependant dans son édition du *Code Théodosien*, t. I, pars I, p. CXCV, dans la rubrique des *agentes vicem praefectorum praetorio*, mais avec la remarque « *agens vicariam praefecturam (urbis?)* ».

ploi de cette formule insolite pour désigner la fonction régulière et courante du *vicarius Urbis*[1]. Le seul exemple, au vrai, qui soit tout à fait assuré, d'*agens vicariam praefecturam* ou d'*agens vicariam praefecturae* se rapportant à la préfecture du prétoire serait une inscription fragmentée, sans nom propre, d'*Aïn-Tarf-esch-Schna*, l'ancien *Apisa Majus*[2], citée par M. Cuq[3]; mais, bien plutôt que *agens vicariam pr(aefecturae) praetorio*, le fragment paraît devoir être lu[4] *agens vicariam pr(a)ef(ectorum) praetorio*[5].

1. Le Dionysius que cite encore M. Martínez Salazar (*Bolet. de la Acad. Gallega*, n° 79, p. 179) comme qualifié dans le *Code Théodosien* d'*agens vicariam praefecturam* ne l'est pas ainsi. Il ne porte pas de titre dans une constitution de 314 (*Cod. Just.*, III, 1, 8) et, s'il s'agit bien du même personnage, dans une autre de 328 (*Cod. Theod.*, VIII, 34, 4), et la seule constitution qui lui en donne un, une autre constitution de 314 (*Cod. Just.*, III, 22, 3) l'appelle *vice praefectorum agens* (voy. Mommsen, *Nuove memorie dell' Instituto*, t. II, p. 310). Il existe encore, en 354, un Magnus qualifié de *agens vicariam praefecturam* (*Cod. Theod.*, VIII, 5, 6), que rappelle M. de Ureña (*Bolet. de la Acad. de la Historia*, 1915, p. 493).

2. *Corp. inscr. lat.*, t. VIII, pars I, n° 783 = Supplementum, pars I, n° 12234.

3. *Comptes rendus de l'Académie des inscriptions*, 1912, p. 374.

4. L'abréviation est ainsi résolue par M. de Ruggiero, *Dizionario epigrafico di antichità romane*, t. I, p. 353.

5. Il est enfin question dans les *Acta purgationis Felicis episcopi Autumnitani* qui nous ont été conservés à la suite des œuvres de S. Optat (*Corpus scriptorum ecclesiasticorum latinorum*, t. XXXVI, Appendice II, p. 197-204) d'un ordre de comparaître envoyé par Aelius Paulinus,

Vicaire ou *vices agens* du préfet du prétoire, la qualité même d'Artemius en est-elle mise en cause? Il semble que M. Cuq, qui, nous venons de le dire, admet à Apisa la formule *agens vicariam praefecturae praetorio*, ne contesterait pas à Artemius la qualité de vicaire s'il était ainsi qualifié[1]. « Le vicaire, écrit-il, est un sous-ordre, un subordonné du préfet : *agens vicariam praefecturam*[2] », et c'est à ce propos même qu'il indique le fragment d'Apisa. *Vices agens*, il en serait autrement. La question mérite d'être une fois de plus discutée[3].

agens vicariam praefecturam (p. 197), lequel est aussi dit (p. 200) *administraus vices praefectorum* (Pallu de Lessert, *Fastes des provinces africaines, Proconsulaire, Numidie, Maurétanie, sous la domination romaine*, t. II, p. 163), mais les documents qui le concernent soulèvent trop de difficultés pour qu'on puisse peut-être se fier aveuglément au copiste (Mgr Duchesne, *Le dossier du donatisme, Mélanges d'archéologie et d'histoire de l'École française de Rome*, 1890, p. 589-650, 1, Les documents de S. Optat, p. 590-600). Voy. aussi plus loin les vers de Paulin de Pella relatifs à son père.

1. Il ne fait pas entrer, en effet, l'anonyme auquel se réfère cette inscription dans la liste par lui dressée (*C. r. de l'Acad. des inscriptions*, 1912, p. 382-384) de vingt-neuf vice-préfets, mais il y insère pourtant (p. 363, n° 19; voy. aussi Borghesi, *Œuvres*, t. X, p. 799) le père de Paulin de Pella, dont celui-ci rappelle, *Eucharisticos*, v. 28, éd. G. Brandes (*Corp. script. eccles. lat.*, t. XVI), p. 292, qu'il a été *gerens vices inlustris praefecturae*.

2. *Ibid.*, 1912, p. 374.

3. M. de Ureña se borne à écrire (*Bolet. de la Acad. de la Historia*, 1915, p. 501 : « *Mario Artemio... ya como Vicarius Hispaniarum, ya ejerciendo la suprema autoridad*

IV.

« Il ne faut pas confondre, écrit M. Cuq dans l'édition des *Œuvres* de Borghesi[1], — à propos d'Aurelius Agricolanus[2], *agens vicem* ou *vices praefectorum praetorio* en 298, mentionné dans les *Acta sincera* de Ruinart[3], — l'*agens vices praefectorum praetorio*, dont nous avons rencontré quelques exemples, avec les *vicarii praefectorum praetorio* institués par Dioclétien. Le *vices agens* est un délégué extraordinaire qui fait fonction de préfet en l'absence des préfets du prétoire. Le *vicarius* au contraire remplit une fonction nouvelle et permanente. » Les quelques exemples allégués

en la Prefectura por enfermedad ó imposibilidad de Viventius, que era en aquel entonces Praefectus Praetorio Galliarum. » Il semble bien que M. Martínez Salazar prenne parti affirmativement, mais il ne fournit aucune raison : « *La segunda leccíon a que también se prestan las siglas A[G] VIC. P. de nuestro epígrafe, A(gente) Vic(ariam) P(raefecturam) y A(gente) V(ices) P(raefecti) o P(raefectorum) (Praetorio, sobrentendido), nos enseñaría con mayor claridad aún que la primera, que cuando aquél recibió la ley del modio para su promulgación, estaba haciendo las veces del Prefecto del Pretorio, autoridad superior a quien el Vicario sustituía en ausencias, enfermedades y vacantes* » (*Bolet. de la Acad. Gallega*, n° 79, p. 179).

1. T. X, Les préfets du prétoire, p. 151-152.
2. *Ibid.*, n° CXXIX *ter*, l. c.
3. *Acta primorum martyrum sincera et selecta* (*Acta S. Marcelli centurionis et martyris* et *Passio S. Cassiani Tingitani martyris*), p. 313-314 et p. 315; Morcelli, *Africa christiana*, t. II, p. 178.

sont ceux de Sex. Varius Marcellus[1], — que l'inscription bilingue de son sarcophage exhumé à *Velletri* qualifie de *vice praef(ectorum) pr(aetorio)*[2], πιστευθέντι τὰ μέρη τῶν ἐπάρχων τοῦ πραιτωρίου[3], en même temps que de vice-préfet de la ville vers 197, — et de Valerius Valens[4], *v(ices) a(gens) praef(ectorum) praet(orio)*[5], sous Gordien, sans doute en 241. Il n'y a point en effet de difficulté. « Le *vices agens*, dit de son côté le principal tenant de l'équivalence générale de *vicarius* et de *vices agens*, M. Pallu de Lessert, ne fut à l'origine, tout le monde est d'accord je crois sur ce point, qu'un simple suppléant du préfet. Tel est certainement le cas de Sex. Varius Marcellus, sous Septime-Sévère, et de Valerius Valens, sous Dioclétien[6]. » M. Cuq peut donc répéter : « De l'avis de tous les auteurs, ce titre désigne avant Dioclétien un suppléant du ou des préfets. Le *vices agens* remplace le préfet empêché. On en connaît deux exemples : celui de Sex. Varius Marcellus, à la fin du règne de Sévère, et celui de Valerius Valens, du temps de Gordien[7]. » Les

1. Borghesi, *Œuvres*, t. X, n° LXIV *bis*, p. 86-87.
2. *Corp. inscr. lat.*, t. X, pars I, n° 6569.
3. *Inscriptiones graecae*, t. X, n° 911.
4. Borghesi, *Œuvres*, t. X, n° CXIII *bis*, p. 129.
5. *Ephemeris epigrafica*, t. VII, n° 1211.
6. *Nouv. rev. hist. du droit*, 1899, p. 251.
7. *Ibid.*, 1899, p. 393. Il ajoutait en note (l. c., n. 2) : « Il faut peut-être y joindre celui de Bassus, mentionné dans une inscription très mutilée de Miliana », et de même (*C. r. de l'Acad. des inscriptions*, 1912, p. 382,

œuvres mêmes de Borghesi permettent d'ajouter d'autres noms : Septimius Valentio[1], *a(gens) v(ices) praef(ectorum) praet(orio)*[2] en 295 ; L. Domitius Alexander[3], qu'Aurelius Victor appelle *apud Poenos pro praefecto gerens*[4] et dont Zosime dit que Maxence se fit remettre par Alexandre, « τόπον ἐπέχειν τοῦ ὑπάρχου τῆς αὐλῆς ἐν Λιβύῃ καθεσταμένος », le fils de celui-ci comme otage, de peur qu'il ne se tournât contre lui, et que les soldats le revêtirent de la pourpre[5], rébellion qui se place en 308[6]; enfin, C. Attius Alcimus Feli-

n. 3) : « Il faut peut-être intercaler ici Bassus, qui, d'après une inscription de Miliana dont on n'a que des copies imparfaites (*Corp. inscr. lat.*, t. VIII, pars II, n° 9611), fut *vice prae(fectorum)*, l'an 205 de la province de Maurétanie, c'est-à-dire l'an 244 de notre ère. » Voy., sur ce Bassus, Borghesi, *Œuvres*, t. X, n° CXXI *bis*, p. 781. L'inscription où il est dit *vice prae(fectorum praetorio)* est datée *P(rovinciae)* CCV..., ce qui placerait sa mort au plus tard en 288. « De toute façon, note M. Héron de Villefosse (l. c.), il appartient à la période antérieure à Constantin. » Mais à M. Pallu de Lessert (*Fastes des prov. africaines*, t. II, p. 229), « cette restitution paraît bien problématique : c'est une épitaphe singulièrement modeste pour un vicaire du préfet du prétoire. Je ne parle pas de la date : il n'y a à en tirer aucun argument ni pour ni contre, sa lecture n'étant pas certaine ».

1. Borghesi, *Œuvres*, t. X, n° CXXIX *bis*, p. 150-151.
2. *Corp. inscr. lat.*, t. VI, pars I, n° 1125.
3. Borghesi, *Œuvres*, t. X, n° CXXXIV *bis*, p. 155-156.
4. *De Caesaribus*, 40, 17.
5. Zosime, *Histor.*, II, 12 (*Corp. script. hist. byzantinae* de Bonn, p. 77).
6. Voy., sur Alexander, Pallu de Lessert, *Fastes des prov. africaines*, t. II, p. 153-158.

cianus[1], *vice praef(ectorum) praet(orio)* dans une inscription d'*Henchir Bou-Cha* de la fin du IIIe siècle[2]. « Au XVIIe siècle, remarque ailleurs M. Cuq[3], alors que le titre d'*agens vices* n'était guère connu que par l'adresse de quelques constitutions du Code Théodosien, J. Godefroy l'a identifié avec celui de *vicarius*[4]. Mais, à mesure que les inscriptions se sont multipliées, l'identification a paru de plus en plus douteuse. Elle a été combattue par Borghesi[5].

1. Borghesi, *Œuvres*, t. X, p. 159-160 et 783.
2. *Corp. inscr. lat.*, t. VIII, pars I, n° 822 = Supplementum, pars I, n° 12345.
3. *C. r. de l'Acad. des inscriptions*, 1912, p. 373.
4. Voy. son édition du *Code Théodosien*, t. I, p. 271, et t. II, p. 150.
5. Il n'est pas inutile de se reporter au passage plus explicite de M. Cuq dans la *Nouvelle revue historique du droit français et étranger* de 1899 (p. 394) : « Borghesi, en classant le *vices agens* dans la série des préfets du prétoire, à l'exclusion du *vicarius*, a indiqué en quel sens il était d'avis de résoudre la question. Il a d'ailleurs exposé sa manière de voir dans une lettre à Kellermann (*Œuvres*, t. VII, p. 53) : « *Il vice praefectus, detto altrimenti agens vices praefecti, era colui che per lo più extra ordinem, in assenza o in vacanza del prefetto, ne esercitava le veci, del che si ha bell' esempio anche nella lapide famosa di Vario Marcello. Quindi senza averne il grado, ne aveva tutta l'autorità, nè conosceva superiore nelle proprie incumbenze. All' opposto è evidente che lo stesso Marini ha creduto che il sottoprefetto fosse pei Vigili ciò che fu poi il vicarius praefecti pei militi Urbani e Pretoriani, cioè una magistratura ordinaria data per aiuto ai rispettivi prefetti e ad essi soggetta, come lo sono i vicari generali dei nostri vescovi. Il passo di Cledonio da lui addotto è decisivo, quantunque io convenga che possa essere nata in appresso qualche confusione.* » Il faut retenir les

Et en effet, elle n'est pas admissible pour l'époque antérieure à Dioclétien ; il n'y avait pas encore de vicaire. » Les six[1] fonctionnaires énumérés ci-dessus, en y comprenant Aurelius Agricolanus, on le proclamera donc, sont bien des fonctionnaires extraordinaires, de véritables vice-préfets du prétoire[2].

derniers mots. Ils montrent que Borghesi, qui, d'ailleurs, dans ce passage, débutant par la phrase : « *Il Marini ha esposto la ragione per cui aveva censurato il Reinesio, che confuse il viceprefetto dei Vigili col loro sottoprefetto* », n'a immédiatement en vue que les Vigiles et dont l'allusion à Varius Marcellus vise précisément le premier en date des magistrats ayant porté ce titre, à la fin du IIe siècle ou au commencement du IIIe, — et pour ceux qui sont antérieurs à Dioclétien, répétons-le encore une fois, il ne se pose pas de question, — ne se serait pas refusé à admettre des exceptions. « La règle posée par Borghesi, d'accord avec Marini, continuait aussi bien M. Cuq (l. c.), nous paraît vraie d'une manière générale. Elle ne prétend pas être absolue; il est possible qu'il y ait eu parfois quelque confusion. » Et lui-même indiquait en note (n. 2) les deux personnages, Rufus et Serenus, dont il sera question dans une des notes suivantes.

1. Sept si on y joint le Bassus mentionné plus haut, huit si un certain Silvius Paulus, qui, dans une constitution de 325 (*Cod. Theod.*, I, 15, 1), porte la qualification insolite de MAG ITALIAE : « peut-être, écrit M. Cuq (Borghesi, *Œuvres*, t. X, p. 502), Silvius fut-il seulement *vices praefectorum agens per Italiam* », et ailleurs (*Nouv. rev. hist. du droit*, 1899, p. 399, n. 1) : « il faut peut-être y joindre Silvius, mais sa qualité n'a pu être restituée que par voie de conjecture ».

2. Il en serait de même, d'après M. Cantarelli (*Bull. comunale*, 1890, p. 29-30), d'un Rufus, représenté avec

Doit-on, en revanche, suivre M. Cuq lorsqu'il poursuit : « on a continué, même après Dioclétien, à nommer à titre exceptionnel des *vices agentes praeff. praet.*[1] », ceux-ci contemporains, mais restant différents des *vicarii*[2] ?

Trois théories se partagent sur ce point les auteurs.

La négative a été résolument soutenue par M. E. de Ruggiero dans son *Dictionnaire d'épigraphie* au mot « *agens*[3] ». *Agens vices praefectorum*

l'insigne de la chlamyde dans une peinture du cimetière de Generosa et mentionné dans les *Actes* de S. Crisogone et de S. Anastasie comme s'étant converti au Christ, et d'un Serenus, nommé de même dans les *Actes* des SS. Pierre et Marcellin, tous les deux appelés *vicarii*, mais qui, d'après la date de leurs fonctions, devaient être plutôt des *vices agentes*.

1. Borghesi, *Œuvres*, t. X, p. 152, n. 2.

2. Les termes du problème ont été excellemment posés par M. Cuq lui-même en 1899 dans son étude sur *Les vice-préfets du prétoire* (*Nouv. rev. hist. du droit*, 1899, p. 393-394). « Pour la période qui commence au règne de Dioclétien, la question est discutée. La difficulté tient à la coexistence des *vicarii praefectorum praetorio* établis par cet empereur dans certains diocèses. Le *vicarius*, comme le *vices agens*, remplace le préfet du prétoire, mais il exerce une fonction permanente, tandis qu'un suppléant n'a qu'une charge temporaire. Faut-il admettre que, sous une dénomination différente, on désigne désormais une seule et même charge ? Faut-il dire, au contraire, que, même après la création des vicaires, on a continué à nommer, dans des cas exceptionnels, des suppléants aux préfets empêchés, et que ces suppléants seuls, et non les vicaires, portent le titre de *vices agens ?* »

3. *Dizionario epigrafico*, t. I, p. 353-355.

praetorio, selon lui, est le titre complet dont *agens vices praefectorum*[1], *agens pro praefectis*[2], *agens per Africam pro praefectis*[3], *agens per Hispanias vices praefectorum praetorio*[4], *vices agens per Africanas provincias*[5], *agens vicariam praefectorum praetorio* du fragment mentionné plus haut d'Apisa[6] et enfin *vice praefectorum praetorio*[7] ne constitueraient que des abréviations ou des variantes[8]. Les seules inscriptions où il ne s'agirait pas de vicaires seraient celles remontant aux temps antérieurs à Dioclétien, et M. de Ruggiero ne considère comme telles, très vraisemblablement, que celles mentionnant C. Attius Alcimus Felicianus et Sex. Varius Marcellus dont nous venons de parler, — dans celles-là naturellement la fonction de vice-préfet ne peut se référer à celle du

1. *Corp. inscr. lat.*, t. II, n° 2209.
2. *Ibid.*, t. VIII, pars I, n°s 7037 et 7038.
3. *Ibid.*, t. VIII, pars I, n° 7068.
4. *Ibid.*, t. II, n° 4107.
5. *Ibid.*, t. VIII, pars I, n° 7014.
6. *Ibid.*, t. VIII, pars I, n° 783 = Supplementum, pars I, n° 12234.
7. *Ibid.*, t. VIII, pars I, n° 822, et pars II, n° 9611, et t. X, pars I, n° 6569.
8. *Dizionario epigrafico*, t. I, p. 353. M. de Ruggiero ajoute même (l. c.), en renvoyant aux inscriptions relatives à L. Aradius Valerius Proculus, dont nous aurons à étudier le cas plus loin (*Corp. inscr. lat.*, t. VI, pars I, n°s 1690 et 1691) : « *La medesima luogotenenza è ricordata . . . . . judicio sacro per provincias Proconsularem et Numidiam Byzacium ac Tripolim itemque Mauretaniam Sitifensem et Caesariensem perfunctus officio praefecturae praetorio.* »

vicariat postérieur[1], — mais les autres inscriptions, à part quelques-unes de date incertaine et probablement elle aussi postérieure[2], sont toutes d'après Dioclétien. « Et comme le titre de *vicarius*, ajoute-t-il, est d'une manière générale non fréquent sur les pierres, au moins par rapport à celui d'*agens vices*, nous pensons qu'à cette époque ce dernier titre a été équivalent à l'autre et que par suite il n'a pas indiqué un mandat extraordinaire de la juridiction propre du préfet du prétoire, comme cela a pu être d'abord[3]. »

M. L. Cantarelli se place à mi-chemin[4]. L'opinion ci-dessus énoncée ne serait vraie qu'en partie. Il y aurait eu encore après Dioclétien des *vices agentes* autres que les vicaires des diocèses. Tel serait Fabius Pasiphilus[5], que deux inscriptions de *Pouzzoles* désignent comme *agis vicens praefectorum praetorio et urbi*[6] et qui, en septembre 394, après la mort du tyran Eugène, fut

1. *Dizionario epigrafico*, p. 354.
2. *Corp. inscr. lat.*, t. II, n° 2209, et t. VIII, pars I, n°s 783 et 7088, et pars II, n° 9611.
3. *Dizionario epigrafico*, t. I, p. 354.
4. *Bull. comunale*, 1890, p. 30-31.
5. Borghesi, *Œuvres*, t. X, Préfets du prétoire d'Italie, n° XLIX *bis*, p. 569 et 799.
6. *Corp. inscr. lat.*, t. X, pars I, n°s 1692 et 1694. Il est vraisemblable que c'est au même personnage qu'est adressée une constitution d'Arcadius et d'Honorius du 25 décembre 395 (*Cod. Theod.*, II, 1, 8 = *Cod. Just.*, VIII, 4, 8; IX, 2, 16; 37, 1), mais où nul titre ne lui est donné.

investi par Théodose de pouvoirs extraordinaires à Rome et dans toute l'Italie à la place des magistrats rebelles, Flavianus le père, préfet du prétoire d'Italie, et Flavianus le fils, préfet de Rome[1]. « Mais l'on ne peut nier, d'autre part, continue M. Cantarelli[2], que, sur certaines pierres, le titre de *vices agens* soit équivalent à celui de *vicarius*. Ainsi, de Claudius Avitianus[3], appelé sur une[4]

1. Le cas de Fabius Pasiphilus est en effet hors de conteste. Voy. Pallu de Lessert, *Nouv. rev. hist. du droit*, 1899, p. 251 : « Qu'après ce prince (Dioclétien) les deux situations aient coexisté, cela semble résulter forcément de ce qu'un préfet pouvait être malade ou forcé de s'absenter ou de ce qu'un intervalle plus ou moins considérable se présentait parfois entre sa mort et la nomination de son successeur. Après la défaite de l'usurpateur Eugène, en 394, Fabius Pasiphilus fut investi d'une mission de cette nature par Théodose. Sa place était marquée et il figure à bon droit avec les préfets du prétoire » ; Id., *De la compétence respective du proconsul et du vicaire d'Afrique dans les démêlés donatistes* (*Mémoires de la Société des Antiquaires*, t. LX, 1901, p. 17-32), p. 19-20 : « Sous le Haut-Empire, on trouve quelquefois, à côté des préfets du prétoire, un auxiliaire chargé de les suppléer soit en cas de vacance du siège, soit en cas d'empêchement du titulaire. C'est l'*agens vices praefectorum praetorio*. Son mandat est général et, de Rome, son action s'étend sur tout l'empire. On le retrouve au IVe siècle : après la défaite de l'empereur Eugène, en 394, Fabius Pasiphilus fut investi d'une mission de cette nature. »

2. *Bull. comunale*, 1890, p. 30-31.

3. Borghesi, *Œuvres*, t. X, Préfets du prétoire d'Italie, n° XXIX *bis*, p. 534.

4. *Corp. inscr. lat.*, t. VIII, pars I, n° 7037.

agens pro praefectis, et de Dracontius[1], sur une autre[2] *vices agens per Africanas provincias*, nous savons qu'ils ont été *vicarii Africae* respectivement l'un en 363[3] et l'autre en 365[4]. »

La distinction complète entre *vices agens* et *vicarius*, enfin, est professée par M. Cuq. Reprend-il, entre autres, les exemples que nous venons de citer : d'Avitianus, « Claudius Avitianus, répond-il, était vicaire d'Afrique en 362; c'est pendant son vicariat qu'il fut chargé de faire fonctions de préfet du prétoire[5] » ; de Dracontius, « Dracontius (fut) vicaire d'Afrique en 364-367; c'est pendant son vicariat... qu'(il) fut chargé de faire fonctions de préfet du prétoire[6] ».

Ne sont-ce pas pourtant, — et M. Cuq, qui n'en parle pas, ne les considère-t-il pas comme tels, — des vicaires de ces diocèses respectifs[7] que désigne Ammien Marcellin, lorsqu'il dit, à propos de l'Asie, d'Eucaerius, en 371, « *Asiam quippe paulo ante rexerat pro praefectis*[8] », ou, à propos

1. Borghesi, *Œuvres*, t. X, Préfets du prétoire d'Italie, n° XXX *bis*, p. 537-538.
2. *Corp. inscr. lat.*, t. VIII, pars I, n° 7014.
3. *Cod. Theod.*, VIII, 5, 15; XI, 28, 1; XV, 3, 2; *Cod. Just.*, VIII, 10, 7.
4. *Ibid.*, I, 15, 5; XI, 1, 11.
5. Borghesi, *Œuvres*, t. X, p. 534.
6. *Ibid.*, t. X, p. 538.
7. Voy. le commentaire de Godefroy dans son édition du *Code Théodosien*, t. I, p. 271, et t. II, p. 150, et Böcking, *Notitia dignitatum*, t. II, p. 503-504.
8. XXIX, 1, 9.

de la Bretagne, de Martinus, en 353, « *agens illas provincias pro praefectis*[1] », et d'Alypius, en 363, « *qui olim Britannias curaverat pro praefectis*[2] », le premier étant qualifié ailleurs par lui-même de *vicarius*[3] et le second de *ex vicario Britanniarum*[4], ou aussi de Civilis, en 368, « *Theodosius Civilem nomine recturum Britannias pro praefectis ad se poposcerat mitti*[5] »? N'est-ce pas encore un autre vicaire de Bretagne, Victorinus, que Rutilius Namatianus magnifie en ces vers :

Conscius Oceanus virtutum, conscia Thyle,
Et quaecumque ferox arva Britannus arat :
Qua praefectorum vicibus frenata potestas
Perpetuum magni faenus amoris habet[6].

N'en est-il pas de même enfin du père de Symmaque, L. Aurelius Avianius Symmachus Phosphorius, qu'une base élevée en son honneur rappelle avoir été, avant d'être préfet de la ville et consul, *pro praefectis praetorio in Urbe Roma finitimisque provinciis*[7]? Ou estimerait-on que ces

1. XIV, 5, 7.
2. XXIII, 1, 2.
3. XIV, 5, 8.
4. XXIX, 1, 44.
5. XXVII, 8, 10.
6. *De reditu suo*, I, v. 499-502.
7. *Corp. inscr. lat.*, t. VI, pars I, n° 1698. Il faut encore ajouter, malgré les réserves de M. Cuq (*Nouv. rev. hist. du droit*, 1899, p. 396-397) et sans nier d'ailleurs les contradictions contenues dans les textes le concernant,

appellations ne seraient pas équivalentes à *agens vices* ou *vicem* ou *vice praefectorum*[1], aussi bien que les périphrases *jussus vicem tueri Nebridii* du même Ammien[2], ou *vice praefectorum functus*[3], ou *perfunctus officio praefecturae praetorio*[4], ou même *gerens vices inlustris praefecturae*[5], ou les périphrases grecques τόπον ἐπέχειν τοῦ ὑπαρχοῦ τῆς αὐλῆς καθεσταμένος[6], διέπων τὰ

le vicaire d'Afrique, quel que soit son nom exact, Aelius Paulinus, Aelafius, Verus, dont il a été question plus haut, mentionné dans les *Acta purgationis Felicis episcopi Autumnitani* comme *agens vicariam praefecturam* (*Corp. script. eccles. lat.*, t. XXXVI, p. 197) ou *administrans vices praefectorum* (p. 200). Voy., sur lui, Pallu de Lessert, *Vicaires et comtes d'Afrique* (extr. des *Notices et mémoires de la Société archéologique de Constantine*, t. XXVI, 1890-1891), p. 42-46; *Nouv. rev. hist. du droit*, 1899, p. 253; *De la compétence respective du proconsul et du vicaire d'Afrique dans les démêlés donatistes*, p. 25-26, et *Fastes des prov. africaines*, t. II, p. 163-164.

1. *Cod. Just.*, VII, 22, 3. Voy. aussi *Corp. inscr. lat.*, t. VIII, pars I, n° 824, dans une inscription d'*Henchir Bou-Cha*, — comme celle mentionnant Attius Alcimus Felicianus *vice praef(ectorum) praet(orio)*, — *agens ibi vice*... (Borghesi, *Œuvres*, t. X, p. 764, *agens vices praeff. praet.*), que M. Cuq (*C. r. de l'Acad. des inscriptions*, 1912, p. 384) complète *agens ibi vice [praeff. praet]orio* et qu'il signale parmi les vice-préfets incertains.

2. XXI, 8, 1.

3. *Corp. inscr. lat.*, t. VI, pars I, n° 6569.

4. *Ibid.*, t. VI, pars I, n° 1690.

5. Paulin de Pella, *Eucharisticos*, v. 28.

6. Zosime, *Histor.*, II, 12 (*Corp. script. hist. byzantinae* de Bonn, p. 77).

τῶν λαμπροτάτων ἐπάρχων μέρη[1], ἐπέχων τὸν τόπον τοῦ ἐνδοξοτάτου ἐπάρχου πραιτωρίων[2], ou encore les expressions *vice praefectorum* tout court[3] ou surtout *agens pro praefectis*[4], que l'on admet comme telles? Il ne faut pas oublier, en effet, que, si la formule *agens vices praefectorum praetorio* est la plus fréquente, elle n'est pourtant pas constante, les autres que nous venons de citer et dont on pourra discuter la valeur se rencontrent également et ainsi perd peut-être de sa force l'argument que « les inscriptions (citant) les unes le *vicarius praefectorum praetorio*[5], les autres l'*agens vices*..., les deux

1. Eusèbe, *Vita Constantini*, III, 31 (*Eusebius Werke*, éd. Ivar A. Heikel, t. I, p. 92).
2. *Nov. Just.*, CVII et CVIII.
3. *Corp. inscr. lat.*, t. VIII, pars I, n° 822, et pars II, n° 9611. Voy. aussi, *Ibid.*, t. XI, n° 831, dans une inscription de *Modène*, *vic(e) praef(ecti) per Italiam*, d'après la lecture du *Corpus;* mais l'abréviation avait été restituée *vic(arius) praef(ecturae)* par Borghesi (*Œuvres*, t. VI, p. 383; voy. Mommsen, *Memorie dell' Instituto*, t. II, p. 315), et le titulaire, dont Borghesi disait (l. c.) « *vicarius praefecturae ovvero praefecti per Italiam* » et que Marquardt indique en effet, *Organisation de l'empire romain,* trad. Louis-Lucas et Weiss, t. II (Mommsen et Marquardt, *Manuel des antiquités romaines*, t. IX, p. 291, n. 3), comme vicaire d'Italie du préfet du prétoire d'Italie, ne figure pas dans la liste des vice-préfets de M. Cuq (*C. r. de l'Acad. des inscriptions*, 1912, p. 382-384).
4. *Ibid.*, t. VIII, pars I, n°s 7037 et 7038.
5. M. Cuq, malgré le pluriel, ne renvoie qu'au seul exemple de C. Caelius Saturninus (*Corp. inscr. lat.*, t. X, pars I, n° 1704).

titres ont coexisté, donc ils désignent des fonctions différentes[1] ».

Ils ont coexisté[2] et l'on ne prétendra pas « que *agens vices* fut d'abord le titre officiel remplacé plus tard par celui de *vicarius*[3] ». Mais du moins

1. *C. r. de l'Acad. des inscriptions*, 1912, p. 374.

2. Il n'y a pas à le nier et, aussi bien, que M. Pallu de Lessert, dont M. Cuq combattait dans la *Nouvelle revue historique du droit* le compte-rendu du tome X des *Œuvres* de Borghesi inséré dans la même revue (1899, p. 248-254), ne l'eût pas nié, M. Cuq en témoigne (p. 396) : « M. de Lessert reconnaît qu'après Dioclétien les deux titres de suppléant et de *vicarius* ont coexisté. »

3. *C. r. de l'Acad. des inscriptions*, 1912, p. 374. M. Cuq, développant plus longuement cette même idée, critiquait M. Pallu de Lessert en ces termes (*Nouv. rev. hist. du droit*, 1899, p. 395) : « Pourquoi deux titres distincts pour une fonction unique? M. Pallu de Lessert, qui a récemment examiné la question, répond : « *Vices* « *agens* est l'appellation officielle; *vicarius* une dénomina- « tion plus commode et qui a fini par prévaloir. » Si cette thèse était exacte, le titre de *vices agens* devrait figurer dans les documents législatifs du début du IVe siècle, dans l'adresse des constitutions du Code Théodosien ou du Code de Justinien. Tout au contraire, c'est celui de *vicarius* qui est presque toujours employé, celui de *vices agens* est très rare. M. de Lessert est obligé de dire que toutes les constitutions de cette époque, mentionnant le titre *vicarius*, sont interpolées. Ce résultat est significatif. Il y a plus : ce ne sont pas seulement les manuscrits des Codes qu'il faudrait corriger, ce sont aussi les monuments épigraphiques. Le titre de *vicarius praefectorum praetorio* figure en effet dans une inscription célèbre de la même époque, l'inscription de C. Caelius Saturninus. Il nous paraît donc impossible de soutenir que *vices agens* soit

se souviendra-t-on à bon droit que les juges statuant *vice praefectorum praetorio* de la période antérieure à l'institution des vicariats, juges suprêmes à qui était déléguée exceptionnellement une part de la juridiction du préfet, doivent, d'après Mommsen[1], être considérés théorique-

l'appellation officielle du *vicarius.* » Le texte même de M. Pallu de Lessert n'est peut-être pas aussi catégorique. Il a sans doute écrit (*Ibid.*, p. 253) : « au fond, *vices agens* était l'appellation officielle, ce qui explique sa persistance plus longue dans les inscriptions », mais plus haut (p. 251) seulement : « le titre d'*agens vices praefectorum*... leur fut donné tout d'abord et... ne disparut que peu à peu devant la dénomination de *vicarius* », et ailleurs (*Mémoires de la Société des Antiquaires*, t. LX, 1901, p. 20) : « Dioclétien groupa les provinces en diocèses, à la tête desquels il plaça des personnages qui portèrent le nom de *vicem agentes praefectorum* et, par abréviation, devinrent les *vicarii* » ; et la phrase incriminée elle-même est accompagnée des explications suivantes : « mais comme (*vices agens*) servait déjà à désigner une autre fonction de nature différente, comme d'autre part sa forme périphrastique en compliquait l'emploi, l'usage lui substitua rapidement le nom de *vicarius* qui finit par prévaloir définitivement et l'on ne conserva le titre ancien que pour les seuls suppléants extraordinaires des préfets ». Il n'ajoute enfin (l. c.) que sous la forme hypothétique : « Je ne serais pas éloigné de croire que, mus par la même considération, les rédacteurs du Code Théodosien ont, dans les adresses des constitutions, substitué souvent le titre nouveau à celui qui se trouvait dans les textes originaux. »

1. Mommsen, *Le droit public romain*, trad. P. F. Girard, t. V (Mommsen et Marquardt, *Manuel des antiquités romaines*, t. V), p. 263.

ment comme les précurseurs des *vicarii*[1], et que, selon la juste observation de M. Cantarelli[2], l'organisation de la monarchie, dont la constitution définitive dans toutes ses parties fut l'œuvre de Constantin, remonte dans son principe à Dioclétien[3], et, dès lors, l'on s'étonnerait moins que les vicaires des diocèses, même devenus des magistrats réguliers, aient à l'occasion continué à porter l'ancien nom de *vices agentes*, qui rappelait leur origine.

Le témoignage de Cledonius[4] apporté à l'appui de la distinction n'est peut-être pas non plus aussi décisif qu'il pourrait sembler au premier abord. « Sénateur romain, puis professeur à Constantinople, Cledonius, écrit M. Cuq[5], était bien placé pour connaître la valeur des termes employés par la chancellerie impériale dans les deux parties de

1. Il est spécialement fait allusion au passage d'Ulpien au *Digeste*, XXXII, I, 4 : « *A praefectis praetorio vel eo, qui vice praefectis ex mandatis principis cognoscet, item a praefecto urbis deportatos.* »

2. *Bull. comunale*, 1890, p. 31.

3. Voy. en particulier, pour les vicaires, le passage de Lactance, *De mortibus persecutorum*, VII, 4 (éd. S. Brandt, *Corp. script. eccles. lat.*, t. XXVII, p. 180).

4. *Ars grammatica, De nomine*, éd. H. Bertsch (Heidelberg, 1884), p. 4 : « *Saepe quaesitum est, utrum vicarius dici debeat etiam is cui magnificentissimi praefecti vices suas in speciali causa mandaverunt. Nequaquam : nam vicarius dicitur is qui ordine codicillorum vices agit amplissimae praefecturae. Ille vero cui vices mandantur propter absentiam praefectorum, non vicarius sed vices agens, non praefecturae, sed praefectorum tantum.* »

5. *C. r. de l'Acad. des inscriptions*, 1912, p. 373-374.

l'Empire. On a souvent demandé, dit-il, si l'on doit appeler vicaire celui à qui les préfets ont donné mandat de les remplacer dans un cas particulier. Nullement : on appelle vicaire celui qui participe aux travaux de la préfecture en vertu d'une nomination en règle. Celui au contraire à qui les préfets confient le soin de les suppléer pendant leur absence, celui-là n'est pas un vicaire de la préfecture, il fait fonction de préfet. »

Sans infirmer le principe posé par Cledonius, encore faut-il l'interpréter[1]. L'auteur, tout d'abord, parle en grammairien qu'il est, et il définit : *vices agens* signifie faisant fonctions. Sans doute. Mais c'est, nous venons de le dire, de délégations exceptionnelles qu'est née l'institution des vicariats. Vivant à une époque bien postérieure, au ve siècle, Cledonius pouvait le perdre de vue et établir dans sa rigueur la théorie, sans qu'elle correspondît[2], sans au moins qu'elle ait

1. M. Cuq continue (*Ibid.*, p. 374) : « Ainsi, d'après Cledonius, le vicaire exerce une fonction permanente, et l'on sait que chaque préfecture a ses vicaires chargés de l'administration d'un diocèse. C'est aussi une fonction ordinaire : le vicaire reçoit un brevet de nomination extrait du registre officiel (*laterculum*). La chancellerie impériale lui envoie les codicilles portant extérieurement les insignes, intérieurement le titre de sa charge... Il n'en est pas de même de l'*agens vices :* sa mission est exceptionnelle et temporaire; il est chargé par un mandat spécial de faire fonction de préfet. Il a les pouvoirs d'un préfet, sans avoir de pouvoir propre. »

2. Il est souvent fait état, en même temps que du passage de Cledonius, d'un autre emprunté à Cassiodore,

toujours correspondu à la réalité des faits[1]. Exa-

Variarum, VI, 15, *Formula vicariis U. R.*, 1 (*Monumenta Germaniae historica, Auctores antiquissimi*, t. XII, p. 188) : « *Vices agentium mos est sic judicum voluntatibus obedire, ut suas non habeant dignitates. Splendent mutuato lumine, nituntur viribus alienis et quaedam imago in illis videtur veritatis, qui proprii non habent jura fulgoris. Tu autem vicarius diceris et tua privilegia non relinquis, quando propria est juridictio, quae a principe datur.* » Il ne faudrait pas croire toutefois que la distinction soit toujours faite chez Cassiodore entre *vices agens* et *vicarius*. L'Ambrosius à qui sont adressées trois lettres de l'année 533, *Ambrosio V. I. agenti vices senator PPO* (XI, 4 et 5; XII, 25), et qui est le représentant à Rome du préfet du prétoire désormais résidant à Ravenne, est bien, d'après Mommsen, *Ostgothische Studien* (*Neues Archiv der Gesellschaft für ältere deutsche Geschichtskunde*, t. XIV, 1889, VIII, p. 223-249, et XIII, p. 451-544), p. 463, et *Nachträge zu den Ostgothischen Studien* (*Ibid.*, t. XV, 1890, p. 181-186), p. 182, distinct du *vicarius Romae*, mais Mommsen, à l' « *Index rerum et verborum* » de son édition de Cassiodore, admet (p. 594) que dans certains passages (p. 136, l. 6; cf. p. 135, l. 21, p. 136, l. 4, p. 188, l. 2) les *vices agentes* désignent entre autres le *vicarius Urbis Romae* et ce serait, selon lui, *vicarius Urbis Romae* qu'aurait été le père du préfet de la ville Reparatus de qui Athalaric, dans une lettre de 527 (IX, 7), dit « *functus etiam vicibus praefectorum* ».

1. Pallu de Lessert, *Nouv. rev. hist. du droit*, 1899, p. 252-253 : « Cledonius écrivait à une époque où la terminologie était définitivement fixée », non « au temps où elle est encore flottante... Cledonius et Cassiodore, comme je l'ai déjà dit, donnent aux mots le sens de leur temps, non celui du début du quatrième siècle ». Il peut être intéressant à ce point de vue de signaler le passage suivant des *Commentaria in epistolam ad Colossenses* (II, vers. 16-17)

minons même son texte de plus près. Le *vices agentes* dont il parle c'est celui « *cui vices mandantur propter absentiam praefectorum* », mieux encore, « *is cui magnificentissimi praefecti vices suas in speciali causa mandaverunt* ». Des mandataires dans une cause spéciale, sont-ce bien les *vices agentes* que nous font connaître les inscriptions ou, du moins, sont-ce tous ces *vices agentes*[1]? Le mandataire, au surplus, qu'a en vue Cledonius et qui n'est pas un *vicarius*, il ne doit pas être dit *vices agens praefecturae, sed praefectorum tantum*[2].

publiés avec les œuvres de S. Ambroise (Migne, *Patrol. lat.*, t. XVII, p. 432), où point n'est faite de distinction entre *vices agens* et *vicarius* : « *Numquid aliquis vices domini agens, ipso praesente, dominatur? Si praefectorum vicarii praesentibus eis privati sunt, quanto magis servi praesente domino etiam ipsi in obsequio debent videri.* » Voy. Böcking, *Notitia dignitatum*, t. II, p. 504.

1. Le cas de Maximinus, à qui Ammien Marcellin rapporte (XXVIII, 1, 32) que le préfet de Rome Olybrius, alors qu'il était préfet de l'annone, confia, de préférence au vicaire Aginatius, qui en fut fort irrité, le soin d'examiner certaines causes et qu'il qualifie pour cette raison, non seulement de *regens Romae vicariam praefecturam* (XXVIII, 1, 5), mais de *agens pro praefectis* (XXVIII, 1, 12), serait peut-être à rappeler ici, quoiqu'il s'agisse de la préfecture urbaine et non de la préfecture du prétoire. « Il fit fonctions de préfet de la ville », écrit, nous l'avons dit, M. Cuq (Borghesi, *Œuvres*, t. X, p. 696), mais nous avons dit aussi qu'il n'est pas considéré par M. Cantarelli comme ayant été *praefectus Urbis* (*Bull. comunale*, 1890, p. 41) et que M. Tomassetti, dans le *Museo italiano*, ne lui fait pas place parmi ceux-ci.

2. Il y aurait eu, avait-on pensé jadis, à la suite du pre-

Mais l'un des vingt-neuf vice-préfets dont, dans le dernier travail qu'il a consacré à la question[1], M. Cuq s'attache à établir la liste pour les opposer aux vicaires[2], qu'il soit le fils d'Ausone Hesperius ou son gendre Thalassius, est le père de Paulin de Pella qui précisément dit[3] avoir vu le jour, comme jadis Alexandre, à Pella près de Thessalonique

Patre gerente vices inlustris praefecturae[4].

Il y a lieu, en outre, si Cledonius paraît pou-

mier éditeur d'Ammien Marcellin, Valesius, commentant le passage relatif à Artemius, *curans vicariam praefecturam* (XVII, 11, 5), à distinguer *agere pro praefecto* de *agere pro praefectis*. Le titre d'*agens pro praefectis* aurait pu être donné aux vicaires. *Agere pro praefecto*, au contraire, se serait dit du mandataire dans une cause spéciale. Il suffit, pour réduire à néant cette prétendue distinction, d'observer que, de L. Domitius Alexander, révolté contre Maxence, Aurelius Victor (*De Caesaribus*, 40), dit : « *ea tempestate apud Poenos Alexander pro praefecto gerens* », et Zosime, II, 12 (*Corp. script. hist. byzantinae* de Bonn, p. 77) : « τόπον ἐπέχειν τοῦ ὑπάρχου τῆς αὐλῆς ἐν Λιβύῃ καθεσταμένος ». Voy. Godefroy, *Code Théodosien*, t. I, p. 271, et t. II, p. 150, et Böcking, *Notitia dignitatum*, t. II, p. 503-504.

1. *Un nouveau vice-préfet du prétoire*, *C. r. de l'Acad. des inscriptions*, 1912, p. 372-384.

2. *Ibid.*, p. 382-384.

3. *Eucharisticos*, v. 28.

4. *C. r. de l'Acad. des inscriptions*, 1912, p. 383, n° 19. Il est difficile au surplus de ne pas faire le rapprochement avec les *vicarii inl(ustris)simae praefecturae per dioeceses* d'une constitution des empereurs Arcadius, Honorius et Théodose II (*Cod. Theod.*, VII, 10, 1).

voir être allégué dans un sens, de faire état en sens inverse d'un passage du Code Théodosien qui, sur les honneurs à attribuer aux *proximi*, s'exprime en ces termes d'où paraît résulter l'identité des vicaires et des *pro praefectis* : « Nous comblons les *proximi memoriae, epistularum ac libellorum* de l'honneur des *vicarii*, en telle sorte que pour le mérite de la dignité ils soient comptés au nombre de ceux qui ont gouverné *pro praefectis* les diocèses à eux confiés. *Proximos memoriae, epistularum ac libellorum ita vicariorum honore cumulamus, ut inter eos merito dignitatis habeantur qui pro praefectis dioeceses sibi creditas temperarunt*[1]. »

Le fait, enfin, qu'on ne peut nier et qui à lui seul apparaît comme plus fort que tous les raisonnements est que, en face du nombre relativement considérable des inscriptions qui nommeraient des vice-préfets du prétoire, dix-huit pour la seule période contemporaine de Constantin ou postérieure[2],

1. *Cod. Theod.*, VI, 26, 4. Voy. aussi, XI, 30, 16 : « *ab... his qui vice praefectorum cognoscunt, sive ex appellatione sive ex delegato sive ex ordine judicaverint, provocari permittimus.* »

2. *Corp. inscr. lat.*, t. II, nos 2203 et 4107; t. III, pars I, n° 1984; t. VI, pars I, nos 1690, 1691 et 1774; t. VIII, pars I, n° 962 = Supplementum, pars I, nos 12440, 1358, 7014, 7037, 7038, 7068, et pars II, n° 10609 = Supplementum, pars I, n° 14752, et Supplementum, pars IV, n° 24521, et t. X, pars I, nos 1692 et 1694; *Ephemeris epigraphica*, t. VII, n° 1211; *C. r. de l'Acad. des inscriptions*, 1912, p. 115-117.

sans tenir compte de trois douteuses[1], il n'en est guère que six, en dehors de quelques-unes relatives à des *vicarii Urbis Romae*[2], qui nomment des *vicarii:* une C. Crepereius Madalianus, *vicarius Italiae*[3]*;* deux Virius Nichomachus Flavianus, *vicarius Africae*[4]*;* une Castorius, également *vicarius Africae*[5]*;* une encore un Licinius, *ex vi(cario) Africae*[6]*;* une enfin Fl. Sallustius, *vicarius Hispaniarum*, *vicarius quinq(ue) provinciarum*[7]. Les vice-préfectures, aussi fréquentes qu'on veuille les supposer, n'ayant pu être que l'exception, il serait bien étrange, pour ne pas dire plus, que tant de textes épigraphiques nous en eussent précisément gardé le souvenir, alors que, à l'inverse, des vicaires, de toute manière autrement nombreux, il ne s'y trouverait que si peu de mentions.

Il subsiste cependant, et c'est l'argument le

1. *Corp. inscr. lat.*, t. II, n° 2209; t. VIII, pars I, n° 824 (Pallu de Lessert, *Fastes des prov. africaines*, t. II, p. 231), et t. XIV, n° 134.

2. *Ibid.*, t. VI, pars I, n°s 1704, 1725, 1729, 1736, 1769; t. IX, n° 2566; t. X, pars I, n° 6425; t. XII, n° 1858.

3. *Ibid.*, t. VIII, pars I, n° 5348.

4. *Ibid.*, t. VI, pars I, n°s 1782 et 1783; Pallu de Lessert, *Fastes des prov. africaines*, t. II, p. 202-206.

5. *Ibid.*, t. IX, n° 5300; G.-B. de Rossi, *Inscr. christ. Urbis Romae*, t. I, p. 157, n° 358; Pallu de Lessert, *Fastes des prov. africaines*, t. II, p. 213.

6. *Mélanges d'archéologie et d'histoire*, 1892, p. 260; Pallu de Lessert, *Fastes des prov. africaines*, t. II, p. 214 et 232.

7. *Corp. inscr. lat.*, t. VI, pars I, n° 1729.

plus fort en faveur de M. Cuq, que, dans certains cas, l'*agens vices* a des pouvoirs plus étendus que ceux du *vicarius*. La preuve est fournie par l'Afrique. « Lorsque le gouverneur de la Proconsulaire fait fonction de préfet, il a autorité sur les provinces qui forment le diocèse soumis au vicaire. Réciproquement, lorsque le vicaire fait fonction de préfet, il a autorité sur la proconsulaire[1]. »

L. Aradius Valerius Proculus Populonius[2], par exemple, dans deux inscriptions de *Rome*, a son nom suivi des mentions : *proconsuli provinciae Africae, vice sacra judicanti, eidemque judicio sacro per provincias Proconsularem et Numidiam, Byzacium ac Tripolim itemque Mauretaniam Sitifensem et Caesariensem perfuncto officio praefecturae praetorio*[3]. Il est presque certain, de plus, que c'est à lui aussi que se rapporte une inscription depuis découverte à *Carthage* par le P. Delattre, *procons(ul) prov(inciae) Afr(icae) agens judicio sacro [pe]r provincias Africanas*[4]. « Son titre de *vices agens*, écrivait M. Pallu de Lessert, me paraît s'expliquer par ce fait que pendant une vacance

1. *C. r. de l'Acad. des inscriptions*, 1912, p. 374-375.

2. Borghesi, *Œuvres*, t. X, Préfets du prétoire d'Italie, n° XIII *bis*, p. 506. « Un seul proconsul, dit M. Pallu de Lessert (*Nouv. rev. hist. du droit*, 1899, p. 252, n. 1) est, à ma connaissance, dans ce cas : c'est L. Aradius Valerius Proculus Populonius. »

3. *Corp. inscr. lat.*, t. VI, pars I, n°s 1690 et 1691.

4. *C. r. de l'Acad. des inscriptions*, 1897, p. 722-725.

des fonctions vicariales, celles-ci lui furent momentanément confiées. Avant lui, en 314, le proconsul d'Afrique Aelianus remplaçant un vicaire absent était dit dans une lettre de Constantin[1] dont l'authenticité n'est pas contestée *Vicarii praefectorum partibus functus*[2]. » L'identité d'expression est en effet assez frappante. Mais, riposte M. Cuq[3], « le vicaire d'Afrique n'avait aucune autorité sur la Proconsulaire! Or, Aradius est chargé des fonctions de préfet dans sa propre province aussi bien que dans celles qui dépendent du vicariat ». M. Pallu de Lessert n'est pas resté insensible à l'objection. « Le texte, dit-il depuis, signifie, je présume, que ce personnage, qui a eu d'abord le droit de juger *vice sacra* dans la Proconsulaire,

1. S. Augustin, *Epist.* LXXXVIII, 4 (éd. Goldbacher, *Corp. script. eccles. lat.*, t. XXXIV, p. 410); *Contra Cresconium*, III, 70, 81 (*Scripta contra Donatistas*, éd. Petschenig, *Ibid.*, t. LII, p. 486). Voy. Pallu de Lessert, *Fastes des prov. africaines*, t. II, p. 164-165.

2. *Nouv. rev. hist. du droit*, 1899, p. 252, n. 1. Il serait aussi possible, selon M. Pallu de Lessert, quoiqu'il déclare la chose très incertaine, que Q. Clodius Hermogenianus Olybrius, proconsul d'Afrique, eût été, en 361, en même temps *vicarii praefectorum partibus functus*, une constitution faussement datée de 354 et qui doit être de cette année (ou de 360), à lui adressée (*Cod. Theod.*, VIII, 5, 7), le chargeant d'une surveillance sur les gouverneurs de provinces, alors que le vicaire d'Afrique seul est l'intermédiaire entre le pouvoir central et les gouverneurs des provinces africaines autres que la Proconsulaire (*Fastes des prov. africaines*, t. II, p. 189).

3. *Ibid.*, 1899, p. 398.

a vu étendre ensuite sa compétence à toute l'Afrique. Dans l'inscription de Carthage[1]..... on trouve la variante : *agens judicio sacro per Africanas provincias*. Est-ce à dire qu'il faille considérer ces formules comme synonymes de celle de *vices agens praefecti praetorio?* Toute personne investie de ce dernier titre doit-elle être considérée comme ayant autorité sur toutes les provinces africaines? Cela ne me paraît pas encore établi[2]. » De lui, très haut personnage, « chargé de fonctions très diverses, à la suite desquelles il fut nommé proconsul d'Afrique, *vice sacra judicaus* », ensuite préfet de la ville en 337-338, consul en 340, admettons donc que « pendant son proconsulat, un décret impérial le chargea à titre exceptionnel de faire fonction de préfet du prétoire dans les six provinces qui composent le diocèse d'Afrique[3] ». Mais est-il assimilable aux véritables *vices agentes* ainsi dénommés? Non pas. Il a rang à part. « L'empereur, c'est M. Cuq encore

1. *C. r. de l'Acad. des inscriptions*, 1897, p. 722-725.

2. *Fastes des prov. africaines*, t. II, p. 182, n. 3. Il ajoute (l. c.) : « La délégation donnée à L. Aradius était-elle restreinte à la seule juridiction suprême ou ne comportait-elle pas l'ensemble des fonctions du préfet du prétoire? Je ne saurais le dire encore; d'autres verront peut-être un parti à tirer de l'opposition entre les mots *judicare* et *agere* qui se lisent dans ces inscriptions. Je rappelle pour mémoire le titre donné plus haut (p. 165) à Aelianus : *vicarii praefectorum partibus functus*, au lieu de *perfunctus officio praefecturae praetorio* que nous trouvons ici. »

3. Borghesi, *Œuvres*, t. X, p. 506.

qui parle[1], lui donne la juridiction suprême sur toute l'Afrique romaine; il en fait une sorte de préfet d'Afrique, devançant de deux siècles l'institution de cette préfecture par Justinien. Les contemporains ne se sont pas trompés sur la nature et l'étendue des fonctions d'Aradius : une inscription de Rome l'appelle *Praefectus Libyae*[2]. »

Voyons maintenant la réciproque. L'exemple est celui d'Antonius Dracontius[3], qu'une inscription de *Constantine*, nous avons eu l'occasion de l'indiquer, qualifie de *vices agens per Africanas provincias*[4], alors cependant que dix constitutions du Code Théodosien l'appellent uniformément *vicarius Africae*[5], et que pour cette raison M. Cantarelli[6] précisément regardait comme l'un des *vices agentes* qui ne seraient que des *vicarii*. Il est apparu plus récemment sur une seconde inscription, trouvée à *Henchir-el-Msaadin*, c'est-à-

1. *Nouv. rev. hist. du droit*, 1899, p. 398.
2. *Corp. inscr. lat.*, t. VI, pars I, n° 1693.
3. Borghesi, *Œuvres*, t. X, Préfets du prétoire d'Italie, n° XXX *bis*, p. 537-538; *Nouv. rev. hist. du droit*, 1899, p. 398. « De même que le proconsul d'Afrique acquiert autorité sur les provinces soumises au vicaire, lorsqu'il est chargé des fonctions de préfet, de même à son tour le vicaire d'Afrique, lorsqu'il est vice-préfet, a autorité sur la Proconsulaire. »
4. *Corp. inscr. lat.*, t. VIII, pars I, n° 7014.
5. *Cod. Theod.*, I, 15, 5; VIII, 4, 10; X, 1, 10; XI, 1, 10, 11 et 13; 7, 9; 30, 33; XII, 6, 9; XIII, 6, 4.
6. *Bull. comunale*, 1890, p. 31.

dire dans la Proconsulaire, mentionné en ces termes : *procons(ulatu) Jul(ii) Festi v(iri) c(larissimi) simul cum Antonio Dracontio v(iro) c(larissimo) ag(ente) v(ices) p(raefectorum) p(raetorio)*[1]. Ici encore, M. Pallu de Lessert, primitivement, n'avait pas vu de difficulté spéciale[2]. Mais « à quel titre, demande M. Cuq, a-t-on fait figurer sur un monument de la Proconsulaire le nom de Dracontius? Si le *vices agens* est identique au *vicarius*, il y a là une anomalie impossible à justifier, car le vicaire d'Afrique n'a pas autorité sur la Proconsulaire[3]. La mention de Dracontius

1. *Corp. inscr. lat.*, t. VIII, pars II, nº 10609 = Supplementum, pars I, nº 14752.

2. *Nouv. rev. hist. du droit*, 1899, p. 252.

3. Il y aurait eu une anomalie de ce genre dans l'affaire si embrouillée de Félix d'Aptonge, si M. Pallu de Lessert, dans son étude *De la compétence respective du proconsul et du vicaire d'Afrique*, n'était arrivé à y retrouver de la manière la plus satisfaisante l'application des règles de la compétence. « Nous voyons, écrit-il (*Mémoires de la Société des Antiquaires*, t. LX, 1901, p. 25-29), par une lettre de Constantin à Probianus (S. Augustin, *Epist.*, LXXXVIII, 4, *Corp. script. eccles. lat.*, t. LXXXIV, p. 410; *Contra Cresconium*, III, 70, 81, *Ibid.*, t. LII, p. 486), qu'un vicaire d'Afrique, Verus (ou Aelius Paulinus), a commencé l'instruction de l'affaire, et que celle-ci s'étant trouvée interrompue par la maladie de ce magistrat, elle a été reprise et terminée par le proconsul Aelianus. On n'a jamais songé à expliquer cette double intervention. On admettait sans conteste qu'Aptonge était, en Proconsulaire, une localité voisine de Carthage, et l'on trouvait tout naturel que l'empereur eût choisi arbitrairement le magistrat chargé de tran-

s'explique au contraire aisément si le *vices agens* est un vice-préfet[1] ». Sans que la démonstration

cher le litige. Nul n'avait remarqué combien il était étrange de voir la chancellerie impériale, si respectueuse habituellement des questions de forme et de hiérarchie, oublier les règles du droit et bouleverser l'ordre des compétences au point de donner au vicaire la mission d'instrumenter dans le ressort du proconsul... Une inscription publiée en 1893 (*Bulletin archéologique du Comité des travaux historiques et scientifiques*, 1893, p. 226) a fixé définitivement l'emplacement d'Aptonge et jeté un nouveau jour sur la question... Aptonge devait être située sur le territoire de (la Byzacène). Ainsi s'explique la compétence du vicaire jugeant le cas de l'évêque Félix; c'est à lui qu'on devait tout naturellement s'adresser pour procéder à l'enquête et nous n'avons plus cette anomalie d'un magistrat qui instrumente dans le ressort d'un autre. Un mot, du reste, du procès-verbal confirme cette déduction. Au cours du débat, on découvre que la pièce principale invoquée contre Félix a été falsifiée par un certain Ingentius, et l'un des assistants prend la parole pour invoquer un souvenir local qui constitue, à ses yeux, un précédent au faux commis par Ingentius : *Nam Paulino hic administrante vices praefectorum subornatus est quidam homo...* (*Corp. script. eccles. lat.*, t. XXXVI, p. 200). On ne peut dire plus clairement que le lieu où se passait ce fait n'était pas administré par le proconsul. Quant à l'intervention ultérieure de ce dernier dans l'affaire, elle n'a rien que de très régulier et elle s'explique sans peine par ce fait que, le vicaire étant tombé malade, Aelianus fut chargé de remplir ses fonctions par intérim, *ejusdem partibus functus*, dit Constantin dans sa lettre à Probianus, le successeur de ce proconsul, en employant la formule juridique consacrée pour désigner la position des intérimaires. »

1. *Nouv. rev. hist. du droit*, 1899, p. 398. « La même particularité, ajoutait M. Cuq (l. c., n. 2), se retrouve

soit explicite, l'inscription, reconnaissons-le, « présente à cet égard une particularité caractéristique[1] ». « La formule *agens vices praefecti praetorio*, écrit aussi bien maintenant M. Pallu de Lessert dans ses *Fastes des provinces africaines*[2], se rapporte, d'après M. Mommsen, au proconsul Festus Hymetius qui aurait représenté les préfets du prétoire simultanément avec Antonius Dracontius, et il faut la traduire : *proconsulatu Festi... agentis vices praefecti praetorio simul cum Antonio Dracontio*. M. Mommsen invoque par analogie le cas de L. Aradius Valerius Proculus Populonius. Cependant nous avons vu[3] plusieurs inscriptions se rapportant à Festus Hymetius[4] et aucune d'elles ne fait allusion aux fonctions extra-proconsulaires

peut-être dans un fragment d'inscription d'Hr Elmden (*Corp. inscr. lat.*, t. VIII, pars I, n° 962). Nous ne l'avons pas reproduit dans le t. X de Borghesi parce que la lecture de la cinquième ligne est douteuse. Mais si la conjecture des éditeurs du *Corpus* est exacte, cette inscription fournit un nouvel argument en faveur de notre manière de voir. » La supposition de M. Cuq était juste, car, malgré une conjecture postérieure de Mommsen (*Ibid.*, Supplementum, pars I, n° 12440), la mention d'un *a(gen)s v(ices) p(raefectorum) p(raetorio)* du nom d'Alexander, on le verra plus loin, s'y trouve bien, en même temps que celle du proconsul (*C. r. de l'Acad. des inscriptions*, 1912, p. 117-118).

1. *Ibid.*, l. c.

2. T. II, p. 196-198.

3. *Ibid.*, t. II, p. 69-71.

4. *Corp. inscr. lat.*, t. VI, pars I, n° 1736; t. VIII, Supplementum, pars I, n° 12527.

qu'a exercées L. Aradius[1]. Expliquer, d'un autre côté, la mention à Furni, c'est-à-dire en pleine Proconsulaire, du nom de Dracontius en disant que le vicaire et le proconsul y ont exercé en commun les fonctions préfectorales est difficile à admettre. En tous cas, le rapprochement de cette prétendue situation avec celle de L. Aradius me paraît inacceptable[2], car pour ce dernier il n'est pas question d'une communauté de juridiction avec qui que ce soit. A mon avis, le titre de *vices agens* s'applique ici, comme dans l'inscription de Constantine, à Dracontius seul. Il s'explique sans doute par une délégation extraordinaire qui conférait au vicaire sur toutes les provinces, même sur la Proconsulaire, une situation absolument semblable à celle qu'avait eue quelques années auparavant L. Aradius qui, étant proconsul, fut aussi *agens judi-*

1. « Un texte, il est vrai, ajoute la mention *vice sacra cognoscens* au titre proconsulaire d'Hymetius, mais l'inscription de L. Aradius Proculus, elle-même, nous montre que la fonction du *proconsul Africae vice sacra judicaus* est distincte de celle de l'*agens vices praefecti praetorio per provincias africanas* » (*Fastes des prov. africaines*, t. II, p. 196).

2. « Il y a cependant un exemple de compétence simultanée en vertu de délégation : Ammien Marcellin (XXVIII, 6, 28) nous montre le vicaire Nicomachus Flavianus jugeant avec le proconsul le procès des Leptitains; mais alors il s'agit d'une affaire déterminée et la délégation se comprend mieux, tandis qu'elle nous paraît peu pratique lorsqu'il s'agit de l'administration d'une ou plusieurs provinces » (*Ibid.*, p. 197, n. 3).

cio sacro per provincias africanas, ou plus explicitement *perfunctus officio praefecti praetorio per Proconsularem et Numidiam, Byzacium et Tripolim itemque Mauretaniam Sitifensem ac Caesariensem*. L'inscription de Furni nomme Festus Hymetius en sa qualité de proconsul et Antonius Dracontius à cause de la juridiction générale dont il est momentanément investi[1]. Les deux cas de L. Aradius et de Dracontius[2] doivent être mis à part comme tout à fait exceptionnels. Ils n'impliquent qu'une extension de juridiction qu'il ne convient pas d'étendre à toutes les hypothèses où un vicaire est qualifié de *vices agens* sans adjonction de la formule *per africanas provincias* ou quelque autre équivalente. »

L'extension, pourtant, M. Pallu de Lessert y souscrit, et précisément pour cette raison, pour-

1. « Il est vrai qu'Hymetius est qualifié ailleurs de *vice sacra judicans* (*Corp. inscr. lat.*, t. VIII, Supplementum, pars I, n° 12527), mais rien ne prouve que ce soit cette année-là » (*Ibid.*, l. c.).

2. Il faut, nous venons de le dire un peu plus haut, maintenant que l'inscription est expliquée d'une manière certaine, ajouter au cas de Dracontius celui d'Alexander. M. Pallu de Lessert admettait aussi que fût rapprochée de cette inscription et de celle de Dracontius, « à cause du lieu où cette mention est trouvée et que l'on a placée jusqu'à présent dans la Proconsulaire », l'inscription d'Apisa (*Corp. inscr. lat.*, t. VIII, pars I, n° 783 = Supplementum, pars I, n° 12234), quoiqu'il ne soit « pas impossible cependant qu'Apisa Majus ait appartenu à la Byzacène » (*Fastes des prov. africaines*, t. II, p. 231).

rait s'appliquer au cas d'Umbonius Juvas[1] [*agens per*] *Africam pro pra*[*efectis*] sous Honorius[2]. « On remarquera, dit-il, le titre d'*agens per Africam pro praefecto* donné à Umbonius Juvas à une époque où celui de *vicarius* paraît seul employé, tant dans la *Notitia dignitatum* que dans les documents législatifs et que dans les textes épigraphiques. Cette inscription, en raison de sa basse époque, fournit un argument sérieux à ceux qui voudraient soutenir qu'il n'y a pas synonymie entre les deux expressions ; mais on observera aussi que l'addition des mots *per Africam* indique peut-être une assimilation à faire de ce cas avec ceux de L. Aradius Valerius et d'Antonius Dracontius[3]. »

Le dernier état de la pensée de M. Pallu de Lessert, on le voit, est loin d'être intransigeant et d'autre part, en sens inverse, M. Cuq, dans son étude d'ensemble sur *Les vice-préfets du prétoire*, reconnaissait jadis qu'il est « prudent d'examiner, dans chaque cas particulier, s'il y a une raison plausible d'admettre qu'on est en présence d'un vice-préfet[4] ».

La sagesse semble bien être en effet de procéder ainsi.

Notons toutefois, à titre en quelque sorte pré-

1. Borghesi, *Œuvres*, t. X, Préfets du prétoire d'Italie, n° LIII *bis*, p. 575.
2. *Corp. inscr. lat.*, t. VIII, pars I, n° 7068.
3. *Fastes des prov. africaines*, t. II, p. 217.
4. *Nouv. rev. hist. du droit*, 1899, p. 394.

judiciel, que considérer Sex. Petronius Probus comme *agens vices praefectorum praetorio* en Illyrie[1] sous Valentinien en 364 n'est, malgré les raisons fournies[2], qu'une conjecture :

1. *C. r. de l'Acad. des inscriptions*, 1912, p. 383, n° 17.

2. E. Cuq, *Les préfets du prétoire régionaux* (*Mélanges Boissier*, p. 147-155), p. 150 : « En 364-365, il y eut, d'après le Code Théodosien, deux préfets à la fois : Probus et Mamertinus. Je ne crois pas qu'il y ait lieu d'admettre ici la dualité des préfets. Ammien Marcellin ne connaît au début du règne de Valentinien qu'un seul préfet d'Illyrie, Mamertinus. Probus devait être vice-préfet d'Illyrie, comme le furent vers la même époque en Afrique Claudius Avitianus, puis Dracontius; sous Valens, Placidus Severus; un peu plus tard, le fils ou le gendre d'Ausone et Valerius Anthidius. La nomination de Probus fut motivée sans doute par la réunion de l'Illyrie et de l'Italie sous l'autorité d'un seul préfet. La présence d'un suppléant, résidant en Illyrie, tandis que le préfet était en Italie, était doublement nécessaire : d'abord, parce que la Dacie n'avait pas comme les autres diocèses d'Illyrie un vicaire spécial, puis pour assurer l'exécution de la constitution de 364. Cette constitution institue les *defensores civitatis* et charge Probus de choisir dans chaque cité la personne la plus apte à remplir cette fonction. Après la révocation de Mamertinus (août 365), la préfecture d'Illyrie paraît avoir été détachée de celle d'Italie et confiée à Probus, tandis que Vulc. Rufinus, ancien préfet d'Illyrie et des Gaules, obtint la préfecture d'Italie. Trois ans plus tard (368), l'Illyrie fut de nouveau réunie à l'Italie sous la direction unique de Probus qui resta en charge jusqu'en 375. » Voy. aussi *C. r. de l'Acad. des inscriptions*, 1912, p. 379. La vérité est que la question des multiples préfectures du prétoire de Probus, tant en Illyrie qu'en Gaule et en Italie, est fort compliquée et obscure (voy. encore *Mélanges Boissier*, p. 152 et 154-155). Il est à

le Code Théodosien en fait un préfet du prétoire[1].

Il en est de même de la prétendue vice-préfecture de Germanianus, [*a*(*gens*) *v*(*ices*)] *p*(*raefectorum*) *p*(*raetori*)*o* en Orient sous Julien en 362[2]. Le Code Théodosien l'appelle lui aussi préfet du prétoire[3].

Germanianus fut-il davantage vice-préfet des

noter, au surplus, que dans les *Œuvres* de Borghesi (t. X, n° VIII, p. 443-447), M. Cuq ne parlait pas de cette vice-préfecture d'Illyrie de Probus.

1. Il n'y a en réalité à envisager ici que la constitution I, 29, 1. Il ressort en effet du passage que nous venons de citer que, selon M. Cuq, à la date des constitutions I, 29, 3 (= *Cod. Just.*, I, 55, 2) et XI, 11, 1 (= *Cod. Just.*, XI, 55, 2), dont la seconde, remarquons-le, est la seule constitution à qualifier Probus de *p*(*raefectus*) *praetorio Illyrici*, Probus aurait été effectivement préfet du prétoire d'Illyrie. L'opinion de Mommsen est que dans ces différentes constitutions, ces deux-ci comme la constitution I, 29, 1, la date doit être corrigée (*Codex Theodosianus*, t. I, pars I, p. CLXVIII et CLXXIX).

2. *C. r. de l'Acad. des inscriptions*, 1912, p. 383, n° 15. « Il est cité comme préfet du prétoire, écrit M. Cuq (*Mélanges Boissier*, p. 154), dans l'adresse d'une constitution de 362 relative à l'Orient; mais alors le préfet était Saturninus Secundus; Germanianus fut donc seulement vice-préfet. » Ici encore, dans les *Œuvres* de Borghesi (t. X, p. 223), M. Cuq ne parlait pas de vice-préfecture, se bornant à dire : « Il est très douteux que Germanianus ait été préfet d'Orient. Il ne l'était certainement pas à la date du rescrit de Julien. »

3. XI, 30, 30 = *Cod. Just.*, VII, 67, 2. La préfecture du prétoire dont Germanianus aurait été alors titulaire serait, selon Mommsen (*Codex Theodosianus*, t. I, pars I, p. CLXXVIII), celle des Gaules.

Gaules l'année précédente[1]? L'argumentation de M. Cuq est la suivante. « En 361, d'après Ammien[2], Germanianus *jussus est vices tueri Nebridii*, pendant que Salluste était promu préfet et envoyé en Gaule. Salluste et Germanianus auraient donc été appelés simultanément à la succession de Nebridius. Le récit d'Ammien est, dit-on, inadmissible, il renferme une contradiction : Germanianus n'a pu recevoir l'ordre de prendre la place de Nebridius si Salluste a été nommé préfet des Gaules après la retraite de Nebridius. Ammien a confondu la Gaule avec l'Orient; Salluste n'a pas été préfet des Gaules, mais bien préfet d'Orient. Cette conclusion ne saurait être acceptée... (Ammien) ne s'est pas contredit en citant à la fois Germanianus et Sallustius, car il ne dit pas que tous deux furent nommés préfets : Germanianus reçut l'ordre de faire fonction de préfet à la place de Nebridius en attendant que Sallustius ait rejoint son poste. Il y avait urgence à suppléer Nebridius qui, à la suite d'un désaccord avec Julien, s'était retiré en Toscane[3]. » Soit, mais si l'on suppose par exemple que Germanianus était vicaire, il n'y aurait eu là qu'un état de fait et tel est de toute manière l'état auquel Ammien fait allusion. *Jussus vicem tueri Nebridii* ne constitue pas une qualité[4].

1. *C. r. de l'Acad. des inscriptions*, 1912, p. 383, n° 14.
2. XXI, 8, 1.
3. *Mélanges Boissier*, p. 153-154.
4. La notice consacrée par Borghesi à Sallustius (*Œuvres*,

Le père de Paulin de Pella[1] enfin sera écarté, dont le titre officiel exact n'a vraiment pas à être cherché dans les vers de l'*Eucharisticos*, où, d'ailleurs, nous l'avons dit, il est rappelé comme ayant été non *agens vices praefectorum praetorio*, mais *gerens vices inlustris praefecturae*[2].

Il serait hors de lieu, en ce qui concerne les vice-préfets ou soi-disant tels restants de la liste dressée par M. Cuq, de prétendre faire ici le départ.

Disons seulement que, des sept derniers vice-préfets dans l'ordre chronologique, en y comprenant Umbonius Juvas dont il a été déjà question, Fl. Macrobius Maximianus, d'abord en Afrique en 397, puis en Espagne en 399[3], Alexander[4], Hilarius[5], un anonyme sous Théodose II et Valentinien III en 424-425[6] et enfin Bassus sous Justinien en 541[7], l'on sera, vu leur époque tardive, sans doute enclin, — au moins Macrobius en Afrique, *p(rimi) o(rdinis) c(omes) ag(ens) vic(es) p(raefecto-*

t. X, n° XI, p. 687-689), d'ailleurs, faisait état de ce passage d'Ammien Marcellin (p. 687), et M. Cuq n'en avait pas pris prétexte pour y faire de Germanianus un vice-préfet.

1. *C. r. de l'Acad. des inscriptions*, 1912, p. 383, n° 19.
2. *Eucharisticos*, v. 28.
3. *C. r. de l'Acad. des inscriptions*, 1912, p. 384, n°s 23 et 25.
4. *Ibid.*, l. c., n° 26.
5. *Ibid.*, l. c., n° 27.
6. *Ibid.*, l. c., n° 28.
7. *Ibid.*, l. c., n° 29.

rum) *p*(*raetorio*)[1], Alexander, *p*(*rimi*) *o*(*rdinis*) *c*(*omes*) *ag*(*ens*) *v*(*ices*) *p*(*raefectorum*) *p*(*raetorio*)[2],

1. *C. r. de l'Acad. des inscriptions*, 1912, p. 115-117. L'inscription découverte à *Souk-el-Abiod*, l'ancien *Pupput*, mentionne, en même temps que Macrobius, le *consularis* de Byzacène; il en résulte que Pupput, que la *Notitia* épiscopale de 384 place en Proconsulaire, était vers 400 en Byzacène. Il n'y a donc point, même en admettant que Macrobius soit vice-préfet plutôt que *vicarius*, à alléguer le fait que sa juridiction se serait exercée en dehors des provinces relevant du vicaire d'Afrique. La prétendue vice-préfecture de Macrobius en Espagne, au contraire, ne résulterait que du fait qu'une constitution (*Cod. Theod.*, XVI, 10, 15) serait « adressée à Macrobius, préfet du prétoire d'Afrique, et à Probianus, vicaire des cinq provinces. Le titre de préfet d'Espagne est insolite et Godefroy (*Cod. Theodosien*, t. VI, pars II, p. 312) a eu raison de dire que les sigles $\overline{P\ P\ O}$ désignent, non pas un préfet du prétoire, mais une personne faisant fonctions de préfet. Suivant lui, ce serait un vicaire, mais il est inadmissible que, dans la même adresse, on ait qualifié deux fonctions identiques par des termes différents » (*C. r. de l'Acad. des inscriptions*, 1912, p. 381). Mommsen corrige résolument l'intitulé en *Macrobio vicario Hispaniarum et Procliano vicario quinque provinciarum* et range Macrobius parmi les vicaires d'Espagne (*Codex Theodosianus*, t. I, pars I, p. CXCVIII), et cette opinion a pour elle que la même constitution au Code de Justinien (I, 11, 3) est adressée *Macrobio et Procliano vicario*. M. Cuq ajoute pourtant encore (l. c.) : « La préfecture des Gaules avait alors un titulaire unique... Les inscriptions nous font connaître trois autres vice-préfets de cette région : Septimius Acyndinus et Q. Aeclanius Hermias, sous le règne de Constantin, et un anonyme. » Ce dernier n'est pas compté par M. Cuq lui-même, p. 384, comme étant incertain.

2. *Corp. inscr. lat.*, t. VIII, pars I, n° 962 = Supplementum, pars I, n° 12440; Merlin, *C. r. de l'Acad. des*

l'anonyme de 424-425, *agens vic(es) iminentiu[m virorum praefectorum praetorio]*[1], et Bassus, ἐπέχων τὸν τόπον Ἰωάννου τοῦ ἐνδοξοτάτου ἐπάρχου πραιτωρίων[2], — à les considérer effectivement comme tels.

Les noms précédents contiennent de même quelques vice-préfets à pouvoirs extraordinaires qui ne sont contestés par personne, Fabius Pasiphilus en 394, Antonius Dracontius vers 366, L. Aradius Valerius Proculus sous Constantin, dont nous nous sommes déjà occupé.

Deux des plus anciens, en outre, Septimius Acyndinus[3] et Q. Aeclanius Hermias[4] sous Cons-

inscriptions, 1912, p. 117-118. Ici, à la différence de Macrobius, l'inscription provenant d'*Henchir Elmden*, l'ancien *Vina*, en Proconsulaire, l'autorité d'Alexander s'étendait sur la Proconsulaire, en règle soustraite à celle du vicaire, et où son nom d'ailleurs intervient joint à celui du proconsul.

1. *Corp. inscr. lat.*, t. III, pars I, n° 1984; Borghesi, *Œuvres*, t. X, Préfets du prétoire d'Illyrie, n° XXXI *bis*, p. 470. Hilarius, dont le nom lui-même est douteux, peut être écarté : il n'est qualifié (*Ibid.*, t. VIII, pars I, n° 358; pars II, p. 938) que de *v(ices) a(gens)*, suivi des caractères SIIΛ, non de *v(ices) a(gen)s p(raefectorum) p(raetorio)*, et M. Pallu de Lessert, pour cette raison, dans ses *Fastes des provinces africaines*, n'en parle pas parmi les vicaires d'Afrique.

2. *Nov. Just.* CVII et CVIII; Borghesi, *Œuvres*, t. X, Préfets du prétoire d'Orient, n° CXXIX *bis*, p. 415.

3. *C. r. de l'Acad. des inscriptions*, 1912, p. 382, n° 8; Borghesi, *Œuvres*, t. X, Préfets du prétoire des Gaules, n° I *bis*, p. 489-490.

4. *Ibid.*, l. c., n° 9; Borghesi, *Œuvres*, t. X, Préfets du prétoire des Gaules, n° II *bis*, p. 676.

tantin, sont dits, — et il y a à en tenir compte[1], — non uniquement *agentes vices*, mais *agens per Hispanias vices praefectorum vice sacra cognoscens*[2], *agens vices praefectorum praetorio et judex sacrarum cognitionum*[3].

Restent alors, pour l'époque postérieure à Constantin ou contemporaine de cet empereur, sept noms.

L'un, Dracilianus[4], destinataire sans qualité indiquée d'une constitution de 326[5], est appelé à la fois *agens vices p(raefectorum) p(raetorio)* dans une autre constitution de 325[6] et διέπων τὰ τῶν λαμπροτάτων ἐπάρχων μέρη dans une lettre de Constantin[7].

1. Voy. *Cod. Theod.*, XI, 30, 16 = *Cod. Just.*, VII, 62, 19 : « *A proconsulibus et comitibus et his qui vice praefectorum cognoscunt... provocari permittimus... A praefectis autem praetorio, qui soli vice sacra cognoscere vere dicendi sunt, provocari non sinimus.* »

2. *Corp. inscr. lat.*, t. II, n° 4107.

3. *Ibid.*, t. II, n° 2203.

4. *C. r. de l'Acad. des inscriptions*, 1912, p. 383, n° 11; Borghesi, *Œuvres*, t. X, Préfets du prétoire d'Orient, n° IV *bis*, p. 194-195.

5. *Cod. Theod.*, XVI, 5, 1 = *Cod. Just.*, I, 5, 1.

6. *Ibid.*, II, 33, 1.

7. Eusèbe, *Vita Constantini*, III, 31 (Migne, *Patrol. graec.*, t. XX, p. 1092); Socrate, *Histoire ecclésiastique*, I, 9 (*Ibid.*, t. LXVII, p. 97); Théodoret, *Histoire ecclésiastique*, I, 17. Il aurait été, pour Mommsen, simple vicaire d'Orient (*Codex Theodosianus*, t. I, pars II, p. 124 : « *Unde apparet eum vicarium fuisse Orientis.* » M. Cuq objecte (*Nouv. rev. hist. du droit*, 1899, p. 397) que, à la date du 1er septembre 326, — dans la constitu-

Deux, Dionysius[1], dont il a déjà été question, *vice praefectorum agens* en 314[2], et Helpidius[3], *agens vicem p(raefectorum) p(raetorio)* en 321[4], tous les deux encore sous Constantin[5], ne nous sont connus que par des constitutions où ils portent ces titres.

Sur un quatrième, Placidus Severus[6], nous ne savons rien, sinon qu'une base découverte à *Rome*

tion de cette date aucune qualité n'est indiquée, — « Maximinus (ou Maximus, Mommsen, *Codex Theodosianus*, t. I, pars I, p. CXLVIII) était vicaire d'Orient, il porte ce titre dans une constitution du 18 décembre 325 (*Cod. Theod.*, XII, 1, 12), et il l'avait, de l'avis de tous les éditeurs, au mois de juillet précédent, lorsque Constantin lui adressa une constitution relative au même objet (*Ibid.*, XII, 1, 10). »

1. *C. r. de l'Acad. des inscriptions*, 1912, p. 382, n° 7; Borghesi, *Œuvres*, t. X, Préfets du prétoire d'Italie, n° I *bis*, p. 489-490.

2. *Cod. Just.*, VII, 22, 3.

3. *C. r. de l'Acad. des inscriptions*, 1912, p. 383, n° 10; Borghesi, *Œuvres*, t. X, Préfets du prétoire d'Italie, n° VI *bis*, p. 498.

4. *Cod. Just.*, VIII, 10, 6.

5. M. Cuq en tire un argument d'ordre général (*Nouv. rev. hist. du droit*, p. 398-399) : « La nomination de vice-préfets au temps de Constantin, comme au temps de Dioclétien, fut l'un des moyens employés par ces empereurs pour alléger la tâche des préfets du prétoire, pour faire sentir leur autorité dans certaines régions dont ils étaient momentanément trop éloignés. Au lieu de créer un nouveau préfet, — on en trouve jusqu'à trois exerçant simultanément leurs fonctions sous Constantin, — on nomma temporairement des vice-préfets. »

6. *C. r. de l'Acad. des inscriptions*, 1912, p. 383, n° 20.

sur le Forum l'appelle *agens vices praefectorum praetorio*[1].

Un cinquième, au contraire, L. Crepereius Madalianus[2], s'il reçoit dans l'adresse d'une constitution de 341 la qualification de *agens vicem praefectorum praetorio*[3], fut, nous apprend une inscription de *Guelma*[4], *vicarius Italiae*.

Les deux derniers, enfin, Claudius Avitianus[5], à qui M. Cantarelli, nous l'avons vu, ne reconnaît que la qualité de simple vicaire[6], *agens pro pra[efe]ctis*, dans deux inscriptions identiques de *Constantine*[7], et Valerius Anthidius[8], *agens vices praefectorum praetorio* dans une inscription des environs de *Rome*[9], portent dans d'autres documents le titre de *vicarii* : Valerius Anthidius dans

1. *Bull. comunale*, 1899, p. 227.

2. *C. r. de l'Acad. des inscriptions*, 1912, p. 383, n° 13; Borghesi, *Œuvres*, t. X, Préfets du prétoire de région incertaine, n° V, p. 764-765.

3. *Cod. Theod.*, XVI, 10, 2.

4. *Corp. inscr. lat.*, t. VIII, pars I, n° 5348. « Il fut vers la même époque *vicarius Italiae* », reconnaît M. Cuq (*Nouv. rev. hist. du droit*, 1899, p. 399), mais on serait autorisé à en faire un vice-préfet par le fait qu'il appartient « à la période où la préfecture d'Illyrie n'existe pas encore ou est réunie à celle d'Italie et d'Afrique ».

5. *C. r. de l'Acad. des inscriptions*, 1912, p. 383, n° 16.

6. *Bull. comunale*, 1890, p. 31.

7. *Corp. inscr. lat.*, t. VIII, pars I, n°s 7037 et 7038.

8. *C. r. de l'Acad. des inscriptions*, 1912, p. 384, n° 21; Borghesi, *Œuvres*, t. X, Préfets du prétoire d'Italie, n° XXXV *bis*, p. 550.

9. *Corp. inscr. lat.*, t. VI, pars I, n° 1774.

une constitution du Code Théodosien[1], Avitianus dans quatre constitutions du Code Théodosien et du Code de Justinien[2] et dans Ammien Marcellin, qui l'appelle *ex vicario*[3]. L'explication, selon M. Cuq, serait que, étant vicaires, ils auraient été chargés de faire les fonctions de préfet du prétoire. Il le dit expressément pour Claudius Avitianus, ajoutant : « Cette mission extraordinaire était confiée tantôt au vicaire d'Afrique, tantôt au proconsul[4]. » Il est assurément très légitime que, ayant à pourvoir à l'intérimat d'une préfecture, on le donnât à un vicaire, et l'on ne voit pas, en effet, pourquoi, comme M. Cuq reproche à M. Pallu de Lessert de le faire, on n'admettrait pas « qu'un représentant local des préfets ait pu être chargé accidentellement des fonctions de suppléant » ni « sur quoi repose(rait) cette incompatibilité[5] ». La chose, certes, n'a en soi rien d'impossible et nous l'avons admis pour Dracontius. Mais suffit-il d'ajouter pour Avitianus et Anthidius : « rien ne prouve que ces vicaires n'aient pas été temporairement chargés de suppléer un préfet du prétoire[6] »? Il y faudrait plus que des

1. *Cod. Theod.*, IX, 38, 6.
2. *Ibid.*, VIII, 5, 15; XI, 28, 1, et XV, 3, 2; *Cod. Just.*, VIII, 10, 7.
3. XXVII, 7, 1.
4. Borghesi, *Œuvres*, t. X, p. 534.
5. *Nouv. rev. hist. du droit*, 1899, p. 396.
6. *Ibid.*, l. c.

présomptions[1]. La prétendue diversité des deux qualités appartenant à la même date au même personnage devient en effet de plus en plus douteuse à mesure que deviennent plus nombreux les exemples où on les rencontre simultanées. Il ne me semble pas, pour tout dire, que ce soit une « observation purement superficielle[2] » qui, en 1899, amenait M. Pallu de Lessert à conclure du cas de Claudius Avitianus, que tant de constitutions de 362 disent précisément vicaire d'Afrique : « Ne résulte-t-il pas de là qu'il n'a pas été vicaire et *agens pro praefectis*, mais que, selon les sources,

1. Il est difficile de voir davantage dans le raisonnement de M. Cuq, — qu'on ne trouve pas d'ailleurs dans son édition du t. X des *Œuvres* de Borghesi, — s'inspirant, comme pour le cas de Crepereius Madalianus, du fait qu'il s'agit de dates où la préfecture d'Illyrie n'existait pas encore ou était réunie à celle d'Italie et d'Afrique. « Claudius Avitianus, vicaire d'Afrique en 362-363, fut *agens pro praefectis* pendant que Claudius Mamertinus était chargé des deux préfectures d'Italie et d'Illyrie... Valerius Anthidius (fut nommé) à une époque où l'on jugea nécessaire de renforcer l'action du gouvernement dans certaines régions de l'empire. Pour donner satisfaction à ce besoin, on créa deux préfets pour une même préfecture. Mais avant d'en venir là, on nomma à côté du préfet en titre un vice-préfet. Tel fut le cas de Valerius Anthidius, vicaire d'Afrique en 381 : il fut *vices agens* du préfet Syagrius ou de son successeur Hypathius entre 379 et 383. Or, dès le mois de février 383, la préfecture d'Italie, d'Illyrie et d'Afrique eut deux titulaires » (*Nouv. rev. hist. du droit*, p. 400). Voy. aussi *Mélanges Boissier*, p. 150 et 151.

2. *Ibid.*, 1899, p. 396.

il est désigné indifféremment par l'un ou l'autre de ces titres considérés comme synonymes[1]. »

1. *Nouv. rev. hist. du droit*, 1899, p. 252. Il est à remarquer que l'une de ces lois (*Cod. Theod.*, VIII, 5, 15) proclame, entre autres choses, que la disposition des personnes préposées aux stations (*mansiones*) appartient au proconsul : « *mancipium cursus publici dispositio proconsulis forma teneatur* ». D'où vient qu'elle est adressée à Dracontius, *agens vices?* Si l'on admet « que l'empereur rappelle le vicaire aux règlements faits par le proconsul pour sa province..., recommandation d'autant plus utile que le vicaire résidant à Carthage pouvait être tenté de prétendre à une action commune sur les voies et moyens de transport dans la Proconsulaire sous prétexte qu'ils étaient indispensables pour communiquer avec son diocèse » (Pallu de Lessert, *Fastes des prov. africaines*, t. II, p. 191-192), il peut déjà sembler étrange que pareille recommandation soit faite précisément, non à un vicaire ordinaire, mais à un vicaire faisant fonction de préfet et comme tel, selon la théorie de M. Cuq, ayant autorité sur le territoire relevant du proconsul. Il en serait de même *a fortiori* si, du fait de l'adresse de la constitution, on concluait que la « disposition a une portée générale et... que l'autorité du proconsul en matière de *cursus publicus* s'étendait hors de la Proconsulaire (*Ibid.*, p. 191; voy. aussi du même, *Vicaires et comtes d'Afrique*, p. 8 et 83) : le vice-préfet, à pouvoirs plus étendus que ceux du simple *vicarius*, eût vu ces pouvoirs réduits jusque dans les propres provinces formant son vicariat. M. Cuq écrit (*Nouv. rev. hist. du droit*, 1899, p. 400, n. 1) : « On ne peut fixer d'une manière plus précise l'époque où Avitianus fut vice-préfet. On pourrait être tenté d'exclure l'année 363, à cause d'un rescrit qui l'invite à observer le règlement établi par le proconsul pour les *mancipes* du *cursus publicus;* mais le service de la poste avait donné lieu à tant d'abus que les pouvoirs des préfets avaient dû être limités (*Cod. Theod.*, VIII, 5, 9). »

Il avait le droit, ici, malgré les critiques de M. Cuq, de rester fidèle à cette manière de voir : « Comparée aux textes du Code Théodosien qui l'appellent uniformément *vicarius*, (la) formule (*comes primi ordinis agens pro praefectis*), écrit-il même, est de celles qui tendent à établir l'identité des deux expressions que l'on a niées parfois[1]. »

Le même raisonnement sera le plus vraisemblable à tenir en ce qui concerne notre Marius Artemius[2], étant donné que nous savons qu'il fut vicaire d'Espagne[3]. Il apparaît, en effet, pour les premières fois au Code Théodosien en 364, sans indication de qualité, dans cinq constitutions de Valentinien et de Valens des 11 juin, 19 et 29 sep-

1. *Fastes des prov. africaines*, t. II, p. 193.

2. L'objection que « l'on nommait un vice-préfet lorsque, pour mieux faire sentir l'autorité suprême dans une région éloignée du siège de la préfecture, on jugeait nécessaire de confier à un délégué spécial ou à un fonctionnaire local les pouvoirs d'un préfet » et que nous connaîtrions trois vice-préfets pour les provinces espagnoles nommés par le préfet des Gaules résidant à Trèves (*C. r. de l'Acad. des inscriptions*, 1912, p. 375) est bien générale : des trois d'ailleurs, nous l'avons dit, un ne peut entrer en ligne de compte, étant, de l'aveu de M. Cuq (p. 384), incertain; les deux autres, Septimius Acyndinus et Q. Aeclanius Hermias, sont du règne de Constantin.

3. Il n'y a qu'ainsi entendue que prend un sens l'objection du P. García Romero (*Bolet. de la Acad. Gallega*, nº 83, p. 282), à laquelle il a été plus haut fait allusion.

tembre et 8 octobre[1], et comme *praeses* ou *corrector*, sans doute *corrector Lucaniae et Bruttiorum*, dans une sixième des mêmes empereurs du 25 août[2] et une septième de la même date du 19 septembre[3]; mais en 369, c'est comme vicaire des Espagnes que Valentinien, Valens et Gratien lui adressent une loi *de discussoribus* du 14 mai[4] et il l'est encore dans l'intitulé d'une loi du 1er juin 370 *de tabulariis, logographis et censualibus*[5], Viventius étant préfet du prétoire des Gaules[6].

1. *Cod. Theod.*, IX, 40, 6; I, 16, 9; VI, 35, 6; VIII, 5, 21; IX, 40, 7.
2. *Cod. Just.*, X, 26, 2.
3. *Cod. Theod.*, VIII, 3, 1 = *Cod. Just.*, XII, 54, 1.
4. *Ibid.*, XI, 26, 1 = *Cod. Just.*, X, 30, 1.
5. *Ibid.*, VIII, 2, 2. Voy. *Bolet. de la Acad. Gallega*, n° 79, p. 178-179, et n° 83, p. 286-287; *Bolet. de la Acad. de la Historia*, 1915, p. 500-501. Il est encore question d'un Artemius évêque, remarque M. de Ureña (p. 501), mais qui ne saurait être le même, dans une constitution de Valens, Gratien et Valentinien II du 17 mai 376 (*Cod. Theod.*, XVI, 2, 23).
6. La préfecture du prétoire des Gaules de Rufius Viventius Gallus se place de 368 à 371 (Borghesi, *Œuvres*, t. X, n° XV, p. 693-695). « Quelques constitutions à lui adressées comme préfet du prétoire, fait remarquer M. Cuq (p. 694), sont datées de 365, mais il ne faut pas oublier que les compilateurs du Code Théodosien et du Code de Justinien ont confondu les dates de 365, 366, 370 et 373. » Mommsen, aussi bien, corrige (*Codex Theodosianus*, t. I, pars I, p. CLXXVIII) en 368 (?) 370 (?) les constitutions (*Cod. Theod.*, VII, 13, 5; XIII, 10, 4; XI, 29, 3 = *Cod. Just.*, VII, 61, 2) datées en apparence des 26 avril, 22 novembre et 30 décembre 365. Il reste alors comme

La date est précisément celle qui convient au *modius* de Ponte Puñide dont l'inscription se réfère à une loi des empereurs Valentinien, Valens et Gratien. Valentinien, proclamé empereur le 26 février 364, s'associa le 28 mars son frère Valens. Trois ans après, le 25 août 367, il revêtit de la dignité d'Auguste son jeune fils Gratien. Il mourut lui-même le 17 novembre 375. Le triple règne de Valentinien, Valens et Gratien va par suite du 25 août 367 au 17 novembre 375[1].

V.

Il se trouve que, à cette époque, un précieux renseignement d'Ammien Marcellin nous apprend que le préfet de Rome, Vettius Agorius Praetextatus[2], fit, en 368, distribuer, sinon des mesures,

dates extrêmes le 23 septembre 368 (*Cod. Theod.*, VIII, 5, 30) et le 28 juin 371 (*Ibid.*, XII, 1, 75).

1. Voy. pourtant la remarque de Mommsen (*Codex Theodosianus*, t. I, pars I, p. CLXI) au sujet de Gratien : « *Constitutiones a. 366 non paucae in praescriptis eum adiungunt Augustis duobus, quamquam eo anno ipse Augustus non fuit, quoniam in subscriptionibus nominatur utpote consul ejus anni.* »

2. Les constitutions du Code Théodosien adressées à Praetextatus en qualité de *praefectus Urbis* portent les dates extrêmes du 8 octobre 366 et du 30 janvier 370 (*Cod. Theod.*, IX, 40, 10; XIII, 3, 8), qu'admet M. de Ureña (*Bolet. de la Acad. de la Historia*, 1915, p. 494, n. 2.) La date initiale de 366 est maintenue par Mommsen (*Codex Theodosianus*, t. I, pars I, p. CLXXXII), quoique M. Seeck (*Hermes*, 1879, p. 300, 303) rattache cette cons-

des poids officiels, afin de remédier si possible aux exactions de ceux qui par cupidité multipliaient les fausses pesées : « *Praetextatus praefecturam urbis sublimius curans... pondera per regiones instituit universas cum aviditati multorum ex libidine trutinas componentium occurri nequiret*[1]. » L'établissement de notre étalon se rattacherait tout naturellement à des précautions prises dans le même dessein. Mais il se peut qu'on soit même en droit, comme l'a fait très ingénieusement M. de Ureña, de préciser davantage[2].

Suidas, dans son *Lexique*, au mot « Manaïm », dans un passage dont nous avons déjà cité quelques lignes, écrit : « Manaïm, stratège vainqueur des Scythes, dont la statue se trouvait dans l'endroit appelé Ὡρεῖον, c'est-à-dire μόδιος. L'ὡρεῖον était en effet là où se trouvent maintenant les colonnes devant la maison de Krateros. Là se trouvait aussi un μόδιος de bronze, près

titution à une autre datée du même jour, mais des consuls suivants, soit du 8 octobre 367 (*Cod. Theod.*, XIV, 4, 4) et, d'accord avec M. Tomassetti (*Museo italiano*, t. III, p. 499), ne fasse durer la préfecture de Praetextatus que du 18 août 367 (*Cod. Theod.*, VIII, 14, 1 = *Cod. Just.*, VIII, 49) au 20 septembre 368 (*Ibid.*, I, 6, 6); il déclare d'autre part fausse la date de la première de ces dernières constitutions (*Codex Theodosianus*, t. II, pars II, p. 781). Il semble bien, de toute manière, que la date de la constitution du 30 janvier 370 soit à corriger et sans doute à ramener à 368 (*Ibid.*, p. 742).

1. Ammien Marcellin, XXVII, 9, 8-10.

2. *Bolet. de la Acad. de la Historia*, 1915, p. 495-498.

des mains. Il constituait la juste mesure d'après la capacité de laquelle devaient vendre et acheter tous les vendeurs et acheteurs de blé et à parité de laquelle le blé devait être distribué. Valentinien établit que le blé se vendrait à raison de douze μόδιοι pour un νόμισμα, sans que nul s'y opposât. Aussi un marin qui ne le fit pas eut-il la main droite coupée. A cette occasion furent fondues les mains de bronze à titre d'avertissement pour les preneurs et livreurs de ne pas se révolter contre les règles établies. Il y avait aussi la statue de l'empereur Valentinien, tenant dans la main droite un ἔξαμον[1]. » Les mêmes renseignements sont répétés avec plus de détails par Codinus dans son traité *Des statues de Constantinople*. « On appelait μόδιος un ὡρολόγιον avec ἔξαμον du μόδιος. Il se trouvait au-dessus de l'arc de l'Ἀμαστριανόν, au milieu de deux mains, et avait été placé

1. Suidas, *Lexicon*, éd. Bernhardy, t. II, 1re partie, p. 680-681 : « Μαναΐμ, στρατηγός, ὁ νικήσας τοὺς Σκύθας · οὗ ἡ στήλη ἵστατο ἐν τῷ καλουμένῳ Ὠρείῳ ὅ ἐστι ὁ μόδιος · ἦν γὰρ ὡρεῖον, ἔνθα νῦν ἵστανταί κίονες πρὸ τοῦ οἴκου τοῦ Κρατεροῦ · ἔνθα ἵστατο καὶ μόδιος χαλκοῦς, πλησίον τῶν χειρῶν. ἦν δὲ δίκαιον μέτρον, ὡς ἂν τῷ χωρήματι αὐτοῦ πωλῶσι πάντες οἱ σιτοπρᾶται, καὶ αγοράζωσιν οἱ σιτῶναι, καὶ τῷ ἴσῳ μέτρῳ διδῶται σιτηρέσιον. τοῦτο δὲ ἐνομοθέτησεν Οὐαλεντινιανός, πιπράσκεσθαι τὸν σῖτον μοδίους δώδεκα τῷ νομίσματι, μηδενὸς ἀντιλέγοντος · ὅθεν τις ναύτης τοῦτο μὴ ποιήσας τὴν δεξιὰν χεῖρα ἀφῃρέθη · ὅθεν ἐτυπώθησαν αἱ χαλκαῖ χεῖρες τοῖς λαμβάνουσι και τοῖς διδοῦσιν, ἀμφοτέρους ἐκ τῶν τεταγμένων μὴ ἀγανακτεῖν. ἦν δὲ καὶ Οὐαλεντινιανοῦ τοῦ βασιλέως στήλη, ἔξαμον ἔχουσα ἐν τῇ δεξιᾷ χειρί. »

par Valentinien... Au-dessus, dans le creux des mains, sont des légendes : les savants les interprètent facilement. Il était établi que le μόδιος devait se vendre comble. Or, un marchand vendit à quelqu'un du blé au μόδιος ras. L'empereur l'ayant su lui fit couper les deux mains et les fit exposer en vue, à titre d'exemple, ainsi que le μόδιος : là aussi était placé l'ὡρολόγιον[1]. » Et ailleurs : « Le stratège Manaïm, après avoir défait entièrement les Scythes, fut honoré d'une statue dans l'endroit appelé Ὥρειον, que certains appellent aussi Μόδιος. L'ὡρολόγιον était là où se trouvent maintenant les colonnes et l'arc devant la maison dite de Krateros ; là aussi se trouvaient encore un μόδιος de bronze et un ὡρεῖον et deux mains de bronze fixées sur des piques. Nous ne devons pas passer sous silence que le μόδιος avait été placé là sous Valentinien : c'est alors en effet que commença à Constantinople l'usage des

1. Georgius Codinus, Περὶ ἀγαλμάτων στηλῶν καὶ θεαμάτων τῆς Κωνσταντινουπολέως, éd. Bekker (*Corp. script. hist. byzantinae* de Bonn, p. 27-70), p. 45 : « Ὅτι τὸ λεγόμενον Μόδιον ὡρολόγιον ἦν ἤγουν τὸ ἔξαμον τοῦ μοδίου. ἵστατο δὲ ἐπάνω τῆς ἀψῖδος τοῦ Ἀμαστριανοῦ, μέσον τῶν δύο χειρῶν, κατασκευασθὲν ὑπὸ τοῦ Οὐαλεντινιανοῦ... ὑποκάτω δὲ ἐν τῷ εἰλήματι τῶν χειρῶν ἱστορίαι εἰσίν, οἱ δὲ πεπειραμένοι εὑρήσουσιν αὐτάς · ὡρίσθη δὲ τὸ μόδιον κουμούλιον πιπράσκεσθαι · εἷς δὲ τῶν ἐμπόρων πίπρασκέ τινι σῖτον, ῥίγλιον τὸν μόδιον. γνοὺς δὲ ὁ βασιλεὺς ἔκοψε τὰς δύο αὐτοῦ χεῖρας, καὶ ἀνεστήλωσεν ὁρᾶσθαι, ὁμοίως καὶ τὸν μόδιον, ὃς ἐχρημάτιζεν ὡρολόγιον. » La traduction est faite sur la version latine de Bekker, qui n'est pas absolument littérale.

μόδιοι. A l'origine, ce μόδιος était d'argent, comme l'indique clairement Théodoret. Les mains de bronze furent placées au-dessus du μόδιος à l'occasion suivante. L'empereur ayant édicté que le μόδιος de blé fût vendu comble et défendu aux marins de s'y opposer, l'un d'eux qui y contrevint eut la main droite coupée; à la suite de quoi furent fondues les mains de bronze pour que preneurs et livreurs ne s'opposassent pas aux règles établies. Là aussi, sur l'arc, se trouvait la statue du même Valentinien, tenant dans la main droite un ἔξαμον d'argent[1]. »

Il paraît à M. de Ureña résulter du rapprochement de ces divers textes et du passage d'Ammien Marcellin que Praetextatus n'aurait fait que mettre à exécution à Rome une décision prise par l'empe-

1. *Ibid.*, p. 65-66 : « Ὁ Μάναϊμ στρατηγὸς μετὰ τὸ νικῆσαι τοὺς Σκύθας κατὰ κράτος στήλῃ ἠξιώθη τιμηθῆναι ἐν τῷ καλουμένῳ ὡρείῳ, ὃ τινες καὶ μόδιον καλοῦσιν · ἦν δὲ καλὸν ὡρολόγιον, ἔνθα νῦν ἵστανται κίονες καὶ ἀψὶς πρὸς τὸν λεγόμενον οἶκον Κρατερῦυ · ἔνθα ἵστατο καὶ μόδιος χαλκοῦς καὶ ὡρεῖον καὶ δύο χεῖρες χαλκαῖ ἐπὶ ἀκοντίων · τὸν δὲ μόδιον δέον ἐστὶ μὴ παραδραμεῖν ἡμᾶς, ὅτι ἐπὶ Οὐαλεντινιανοῦ ἐτυπώθη · τότε γὰρ καὶ αρχὴ μοδίων ἐπὶ τῶν ἐν Κωνσταντινουπόλει οἰκούντων ἀνηρευνήθη · τοῦτο τοῦ ἀργυροῦ τυπώσαντος... τσῦτο δὲ καὶ Θεοδώρητος διασαφεῖ τρανότατα · αἱ δὲ χαλκαῖ χεῖρες ἔκτοτε ἄνωθεν προετυπώθησαν . τοῦ βασιλέως τὸ κουμούλιον μόδιον νομοθετήσαντος, μὴ ἀντερεῖν δὲ τοὶς ναυτιῶσι προστάξαντος, ἐν τῷ κατωγέῳ μοδίῳ τὴν δεξιὰν χεῖρα ἀπώλεσεν · ὅθεν καὶ ἐτυπώθησαν αἱ χεῖρες τοῖς λαμβάνουσι καὶ τοῖς διδοῦσιν, ἀμφότερα ἐκ τῶν προτεταγμένων μὴ ἀγανακτεῖν · ἔνθα τοῦ αὐτοῦ Βαλεντινιανοῦ στήλη ἵστατο εἰς τὴν ἀψῖδα, ἔξαμον ἀργυροῦν τῇ δεξίᾳ κατέχουσα. »

reur Valentinien[1], qui, en introduisant à Constantinople l'usage du *modius*, comme dit Codinus, aurait, par une constitution, fait procéder à l'établissement de mesures étalons, ordonné la vente, l'achat et la distribution du blé d'après le *modius* étalon, décidé que le *modius* de blé devrait être comble, fixé à un *nomisma* le prix des douze *modii* et puni les contrevenants de l'amputation de la main droite[2]. Haenel, d'ailleurs, dans son *Corpus legum ab imperatoribus romanis ante Justinianum latarum quae extra constitutionum codices supersunt*[3], se réfère à ces textes pour restituer une loi. La *sacra jussio dominorum nostrorum Valentiniani, Valentis et Gratiani invictissimorum principum* du *modius* de Ponte Puñide ne serait pas autre. La constitution, pense M. de Ureña, aurait été promulguée entre le 25 août, début du règne simultané de Valentinien, Valens et Gra-

1. M. Martínez Salazar (*Bolet. de la Acad. Gallega*, nº 79, p. 172), tout en déclarant n'avoir pas trouvé trace du texte légal auquel se référait notre *modius* dans le Code Théodosien et le Code de Justinien, écrivait déjà que, d'après Ammien Marcellin, Valentinien en 367 avait fait établir des mesures et poids étalons, — à quoi le P. García Romero répondait (*Ibid.*, nº 83, p. 280, n. 1) qu'Ammien ne parlait que du seul préfet de Rome Praetextatus, sans dire mot de Valentinien, — et ainsi, sinon dans la lettre, du moins dans le fond, il se serait approché de la vérité.

2. *Bolet. de la Acad. de la Historia*, 1915, p. 497.

3. Fasc. I, p. 221, 222-223, 272.

tien[1], et la fin de 367 ou au début de 368[2] et, dès lors que nous savons que, au 14 mai 369, Artemius était vicaire d'Espagne, il est logique de supposer qu'il aura dès cette année assuré dans cette province l'exécution des instructions impériales[3]. L'inscription du *modius* serait ainsi fixée à l'année 369.

La constitution de Valentinien, Valens et Gratien ne fut pas un acte isolé.

Il existe au Code Théodosien une autre constitution de Gratien, Valentinien II et Théodose, datée du 3 octobre 383, qui prescrit l'envoi dans tous les bureaux de recettes, afin de rendre la fraude impossible, de mesures et de poids officiels, — « *In singulis stationibus et mensurae et pondera publice conlocentur, ut fraudare cupientibus fraudandi adimant potestatem. Dat(um) V (non)as octob(res) Merob(aude) II et Saturnino co(n)s(ulibu)s*[4] »,

1. Il a été noté pourtant plus haut que le nom de Gratien comme empereur apparaît déjà abusivement dans des constitutions de 366.

2. *Bolet. de la Acad. de la Historia*, 1915, p. 498 et 501-502.

3. Haenel indique d'abord (p. 221), d'après Suidas, non l'année 365, comme le dit M. de Ureña (*Bolet. de la Acad. de la Historia*, 1915, p. 497), mais les années 1118-1123, soit 365-370, puis (p. 222-223), d'après Ammien Marcellin et Codinus, l'année 1121, soit 368 de notre ère; mais il est bien certain, ainsi que le fait remarquer M. de Ureña (p. 498), que les différents textes visent une seule et unique constitution.

4. *Cod. Theod.*, XII, 6, 19.

— et trois ans plus tard, le 28 novembre 386, Valentinien II, Théodose et Arcadius rappellent qu'ils ont fait placer dans tous les bureaux et toutes les cités des *modii* de bronze ou de pierre avec des setiers, ainsi que des poids, afin que tout contribuable, ayant sous les yeux les mesures établies pour toutes choses, sût exactement ce qu'il devait donner au collecteur de l'impôt : « *Modios aeneos seu lapideos cum sextariis atque ponderibus per mansiones singulasque civitates jussimus conlocari, ut unusquisque tributarius sub oculis constitutis rerum omnium modiis sciat, quid debeat susceptoribus dare. Datum IIII kal(endas) decembr(es) Constant(ino)p(oli) Honor(io) n(obilissimo) p(rincipe) et Evodio v(iro) c(larissimo) co(n)s(ulibu)s*[1]. » Il faut croire que les exactions appelaient la répression, car la même constitution ajoute que tout collecteur qui se sera permis de demander plus que l'étalon des *modii*, setiers et poids déposés aura à subir la peine y afférente, — « *Ita ut, si quis susceptorum conditorum modiorum sextariorumque vel ponderum normam putaverit excedendam, poenam se sciat competentem esse subiturum* », — et des constitutions postérieures d'Honorius et de Théodose II et de Théodose II et Valentinien III, reproduites plus tard dans le Code de Justi-

1. *Cod. Theod.*, XII, 6, 21 = *Cod. Just.*, X, 70, 9. Voy. *Bolet. de la Acad. Gallega*, n° 83, p. 280; *Bolet. de la Acad. de la Historia*, 1915, p. 494.

nien[1], font un devoir aux *defensores* des cités de prévenir et de réprimer ces excès de pouvoir et en rendent responsables les gouverneurs, sachant, dit l'une d'elles, par les plaintes fréquentes des contribuables lésés, que, sous le couvert de la loi, il arrive qu'il leur soit causé de graves dommages par l'emploi de mesures et de poids majorés : « *Velut licito committi frequenti laesorum deploratione didicimus, ut majoribus subjectis mensuris atque ponderibus gravi possessor damno quatiatur. Jubemus, ut cura et sollertia defensorum hoc fieri a susceptoribus non sinant deprehensosque ad judicium dirigant, cum ipso commissae fraudis indicio*[2]. »

Les abus, malgré tout, persistèrent, — ils n'étaient pas nouveaux, puisque, dès l'époque républicaine, l'édit des Silii portait que, si quelque magistrat avait à l'encontre et d'une manière dolosive fait ou fait faire des poids, des *modii* et des récipients publics majorés ou diminués, ou dolosivement poussé à en faire faire, il serait loisible à tout magistrat de le frapper d'amende et à quiconque de le poursuivre en justice[3], — si bien que,

1. *Cod. Theod.*, XI, 8, 3 = *Cod. Just.*, I, 55, 9; XII, 6, 32 = *Cod. Just.*, X, 72, 15.
2. *Ibid.*, XI, 8, 3.
3. Bruns, *Fontes juris romani antiqui*, p. 46-47, n° 3 : « *Si quis magistratus adversus hac d(olo) m(alo) pondera modiosque vasaque publica modica minora majorave faxit jusseritve fieri, dolumve adduit, quo ea fiant, eum quis volet*

une fois de plus, en 468, Léon et Majorien réitérèrent les dispositions déjà renouvelées trois quarts de siècle auparavant par Gratien, Valentinien II, Théodose et Arcadius et, pour parer aux fraudes résultant de l'emploi de poids divers imposés aux ignorants, firent adresser non seulement à chaque province, mais à chaque cité, des poids contrôlés que dut employer tout *exactor* ou *negociator*, ceux-ci étant prévenus que quiconque d'entre eux majorerait les poids serait puni de mort : « *Illis quoque fraudibus obviandum est, quas in varietate ponderum exactorum calliditas facere consuevit, qui vetustis caliginibus abutentes Faustinae aliorumque nominum nescientibus faciant mentionem, quibus penitus amotis atque in perpetuum hac lege dammatis, a praetoriana sede ad singulas non solum provincias, sed etiam civitates, pondera examinata mittantur, quibus tam omnis exactor quam negotiator utatur capitale sibi sciens unusquisque supplicium si constituta transcenderit. Datum VIII id(us) nov(embres) Rav(ennae) Leone et Majoriano cons(ulibus)*[1]. »

Il n'y a pas à s'étonner de voir intervenir en la personne d'Artemius le préfet du prétoire ou plus précisément son vicaire.

Sans doute, en principe, le contrôle des poids

magistratus multare, dum minore parti familias taxat liceto; sive quis in sacrum judicare voluerit, liceto. »

1. *Nov. Majorian.*, VII, 15.

et mesures exercé primitivement par les édiles appartient au préfet de la ville[1]. Nombreux sont par exemple les poids avec l'inscription *ex auctoritate Q. Junii Rustici*, préfet de Rome en 167[2]. Le *modius* de Florence dont nous avons parlé porte de même la mention du préfet de Rome D. Simonius Julianus, de qui nous savons qu'il fut gouverneur de la Thrace entre 235 et 238, des Dacies, de la Syria Coele, de l'Arabie, avant d'exercer la préfecture urbaine, peut-être sous Gordien, mais en tout cas avant 254[3], et c'est comme préfet de la ville qu'il est chargé par l'empereur de faire établir des étalons. Il en est de même encore de Vettius Agorius Praetextatus en plein milieu du IVe siècle[4]. Il faut prendre garde, tou-

1. Mommsen, *Le droit public romain*, trad. P. F. Girard, t. V (Mommsen et Marquardt, *Manuel des antiquités romaines*, t. V), p. 367; Marquardt, *De l'organisation financière chez les Romains*, trad. A. Vigié (*Ibid.*, t. X), p. 90, n. 3.

2. *Corp. inscr. lat.*, t. II, nº 4962, 2, et Supplementum, nº 6245, 1; t. V, nº 8119, 1; t. IX, nº 6088; t. X, pars II, nº 8068, 5 *a-d;* t. XI, nº 6726, 1 *a-k;* t. XIII, pars III, nº 10030, 10 *a-g; Bull. comunale*, 1884, p. 71-72; *Bull. des Antiquaires*, 1907, p. 309-310; *Catalogue sommaire des marbres antiques*, nº 2474. Il en est au moins quatre ou cinq, on le voit, trouvés hors d'Italie, un ou deux en Espagne, un à Lyon, deux dans la vallée du Rhin, un à Teboursouk.

3. P. von Rohden et H. Dessau, *Prosopographia imperii romani*, t. III, p. 248-249, nº 529.

4. Il faut citer encore au Bas-Empire des *quadrantes*

tefois, que, lorsque de l'un comme de l'autre il est dit « *mensurae... per regiones missae*[1], *pondera per regiones instituit universas*[2] », dans toutes les régions, tout au plus peut-on entendre de l'Italie[3].

Les textes législatifs, en revanche, de 383, 386, 409, 429 et 458 que nous avons cités et qui ont une portée plus générale mettent en cause le préfet du prétoire : Postumianus[4] et Cynegius[5],

incrustés d'argent conservés au Louvre (A. de Ridder, *Catalogue des bronzes antiques*, t. II, p. 171, n° 3400) et à la Bibliothèque nationale (Babelon-Blanchet, *Catalogue des bronzes antiques*, n° 2285) et des poids de trois *solidi* au British Museum (Dalton, *Catalogue of early christian antiquities*, n° 444) aux noms de l'empereur Théodoric et du préfet de la ville Catulinus, un poids en marbre d'une livre au nom du préfet de la ville Audax (Reinesius, *Syntagma inscr. antiquarum*, classe III, n° LXXIII, p. 330; Montfaucon, *Antiquité expliquée*, t. III, p. 168).

1. Dessau, *Inscr. lat. selectae*, t. II, pars II, n° 8627.

2. Ammien Marcellin, XXVII, 9, 10.

3. Voy. Hultsch, *Griech. und röm. Metrologie*, p. 126. Il semble que M. Martínez Salazar (*Bolet. de la Acad. Gallega*, n° 79, p. 172), en ce qui concerne Praetextatus, ne l'entende que de Rome, « *estableció puestos de pesos y medidas officiales en varios puntos de Roma* », et c'est l'explication donnée comme probable par Mommsen (*Le droit public romain*, trad. P. F. Girard, t. V, p. 367, n. 1) de l'inscription de Simonius Julianus. M. de Ureña, parlant à son tour de Praetextatus, n'est pas bien clair (*Bolet. de la Acad. de la Historia*, 1915, p. 497) : « *en todas las regiones (barriadas ó cuarteles), de las cuidades (per regiones universas Urbis)* ».

4. *Cod. Theod.*, XII, 6, 19.

5. *Ibid.*, XII, 6, 21.

préfets du prétoire d'Orient, Caecilianus[1] et Volusianus[2], préfets du prétoire d'Italie, dans les constitutions de Gratien, Valentinien II et Théodose, de Valentinien II, Théodose et Arcadius, d'Honorius et Théodose II, de Théodose II et Valentinien III, et le préfet du prétoire Basilius encore dans la novelle de Léon et de Majorien, où il est ordonné que les poids contrôlés envoyés dans les provinces et les cités le soient par la préfecture du prétoire, « *a praetoriana sede*[3] ».

La raison en est sans doute que le préfet du prétoire, devenu un fonctionnaire purement civil, est proprement et par excellence le mandataire et le représentant de l'empereur et que, investi de la haute administration des provinces, il lui appartient à lui et à son vicaire, comme le fait Artemius, d'y assurer l'exécution des actes du pouvoir impérial.

Il y a plus en l'espèce. L'ordre vient d'en haut; mais la vérification matérielle du *modius*, le texte l'indique, a été faite par Potamius et Quintianus, deux *principales* d'une petite ville. Ils ne pouvaient comme tels agir, on le comprend aisément, que sous la responsabilité d'un fonctionnaire de qui ils relevassent. Il y a de la sorte mention d'un contrôle opéré par le gouverneur de la région sur

1. *Cod. Theod.*, XI, 8, 3 = *Cod. Just.*, I, 55, 9.
2. *Ibid.*, XII, 6, 32 = *Cod. Just.*, X, 72, 15.
3. *Nov. Majorian.*, VII, 15.

un curieux récipient, jadis à la Bibliothèque de Strasbourg, recueilli dans le Rhin près de *Benfeld*, où, au-dessus du monogramme du Christ dans une couronne flanquée de l'A et de l'ω, sont gravés en caractères du IVe ou du Ve siècle les noms de Septimius Theodolus *corrector Venetiae et Istriae*, suivis du mot EXAC, c'est-à-dire *exacta* ou *exactum*[1]. Ici le contrôle lui-même proprement dit a un caractère plus local, mais les instructions émanent du vicaire même du diocèse et c'est ce que dit sans plus l'inscription, *jubente Mario Artemio viro clarissimo agente vices praefectorum, curantibus Potamio et Quintiano principalibus*.

1. G.-B. de Rossi, *Bull. di arch. cristiana*, t. II, 1864, p. 58, 62; E. Le Blant, *Inscriptions chrétiennes de la Gaule* (Documents pour servir à l'histoire de France), t. I, n° 351, p. 464-466.

Nogent-le-Rotrou, imprimerie DAUPELEY-GOUVERNEUR.

www.ingramcontent.com/pod-product-compliance
Ingram Content Group UK Ltd.
Pitfield, Milton Keynes, MK11 3LW, UK
UKHW021207220726
13924UKWH00003B/1383